Le Journal de Rutka

Rutka Laskier

LE JOURNAL DE RUTKA

traduit du polonais par Maryla Laurent

suivi de

MA SŒUR RUTKA

par Zahava (Laskier) Sherz

traduit de l'anglais par Maryla Laurent

et de

LES JUIFS ET LA POLOGNE

par Marek Halter

ROBERT LAFFONT

ISBN 978-2-221-11027-0

LE JOURNAL DE RUTKA
traduit du polonais par Maryla Laurent

Le 19.1.1943

J'ai du mal à me rendre compte que nous sommes déjà en 1943, à la troisième année de notre enfer. Les journées défilent vite, les unes aux autres pareilles. Et toujours ce même insoutenable ennui visqueux ! Une grande effervescence règne en ville. De nombreuses personnes doivent partir pour la Palestine, le « pays de nos ancêtres ». Syma, Bomek et Ran ont la chance d'en être. Je ne sais pas comment qualifier le sentiment qui s'est emparé de moi lorsque je l'ai appris. Mi-joie, mi-jalousie, sans doute. Nous aussi avons bon espoir d'obtenir les autorisations nécessaires. Je sens que si cela arrive, je serai très triste de quitter Będzin[1]*, un peu à cause de ma curiosité inconsciente qui voudrait savoir ce qui arrivera ici… Je suis en train

* Les notes sont rassemblées en fin de partie.

de lire un livre magnifique, *Julien l'Apostat*[2] ; et aussi *La Sépulture du soldat inconnu* d'Andrzej Strug[3].

Mes pensées se reflètent dans ce livre.

Je veux me plonger la tête dans les lectures. Dans le bon goût philosophique. J'ai pourtant lu un livre qui m'a vraiment tapé sur les nerfs. C'était *Le Golem*[4] de Gustav Meyrink, le récit des phantasmes d'un homme dément : Golem. Parfois, je ne sais vraiment pas si je crois aux spectres ou pas. Dans les moments de grand énervement, la foi dans l'au-delà m'est d'un grand secours. J'aime penser à la vie après la mort et à toutes ces choses mystérieuses.

[*Deux pages arrachées*]

Le 25.1.1942*

Rien, une fois de plus. Chaque jour ressemble au précédent si ce n'est que maman[5] me crie

* Il s'agit d'une erreur de Rutka, lire 1943.

dessus de plus en plus à cause de Heniuś[6]. Ce petit monstre est adorable et impossible à la fois. On ne peut pas parler devant lui parce qu'il va tout répéter aux adultes. Je n'ai rien à lire. Avec Mietek tout va bien maintenant, j'en suis très contente. Hier, je suis allée chez Lolek. [...]

C'est le soir. Tout à l'heure, Mica est venue chez moi. Nous sommes sorties. Je l'aime bien, je l'aime carrément beaucoup. Avec Mietek, les choses se compliquent de nouveau. Il s'est persuadé que quelqu'un le surveille. Demain, je vais lui dire deux mots.

Ah ! J'allais oublier. Aujourd'hui, j'ai vu Lusia en personne, elle était nulle. Je compte aussi mettre les points sur les « i » à Janek, demain. Je vais lui dire que s'il veut sortir avec moi, il doit savoir être à l'heure. Sinon, eh bien *adios !** Évidemment, je ne le lui dirai pas comme ça. Il ne compte pas plus pour moi que la neige de l'an dernier, mais je suis curieuse de savoir quelle tête il fera.

Je vais me coucher.

* En espagnol dans le texte.

Le 26.1.1943. Matin

Mica est de nouveau venue avec une tonne de nouvelles. « Quelqu'un » lui a dit que je m'étais coupé les cheveux pour plaire à Janek, que je mettais des bas de soie pour Janek, etc. Quels odieux mensonges ! Comme si Janek comptait pour moi ! Si je rencontre Tusia dans la rue, je lui demanderai de quel droit elle fait circuler des ragots pareils et je lui rappellerai un petit épisode de la nuit du 2 au 3 janvier. Je veux lui clouer le bec avec ces histoires vestimentaires. Je suis curieuse de savoir ce que cela donnera. Aujourd'hui, je vais chez le photographe. Je vais faire six photos pour cinq marks sur le compte de la paye qui va arriver.

Le 27.1.1943

Je suis dans un état étrange. Comme en proie à une joie, à un bonheur dont je n'arrive pas à prendre conscience. Comme si j'avais été envahie par tout le bonheur d'un lointain infini. Et ce qui est le plus important, c'est que je ne suis plus dans l'expectative de ce bonheur – il est en moi. Les autres fois, j'étais juste toute à cette attente d'une chose magnifique, lointaine. Je sens que je serais soulagée si je pouvais me retrouver dans un bel endroit à regarder un tableau merveilleux. Quand je me trouve au bord d'une rivière dont j'observe la cascade mugissante, je sens monter en moi quelque chose qui s'envole au loin…

Mes photographies sont faites. Je me demande si elles seront réussies, même si, d'habitude, je ne suis jamais très bien en photo ; en vrai, je suis tout à fait belle. Je livre ici une description précise de ma personne. Donc : je suis grande, mince, mes jambes sont pas mal, ma taille est très fine. Mes mains sont fines, mais mes ongles sont moches, plutôt pas soignés. Mes yeux sont grands, d'un marron sombre, mes sourcils denses et mes cils longs, très longs même. Mes cheveux sont noirs, coupés court et coiffés en arrière, mon nez est petit, un peu retroussé. Mes lèvres ont un joli contour, mes dents sont très blanches. Voilà, mon portrait est terminé. Je voudrais inscrire dans ce cahier tout ce qui se passe en moi, mais je n'y parviens en aucune façon.

Je vais aussi me décrire du côté moral, maintenant. On dit de moi que je suis intelligente, instruite. C'est possible, mais je n'ai pas étudié, je veux dire que je n'étais pas très assidue aux études. J'ai des humeurs. Parfois, je suis prise d'une telle mélancolie qu'alors je n'ouvre la bouche que pour vexer les gens. J'aime beaucoup vexer, mais je le fais avec modération car, comme on dit, « une blessure physique guérit, une blessure morale reste ». D'autres fois, je suis en proie à une joie exubérante comme c'est le cas aujourd'hui, et je pourrais rire toute la journée. À part cela, il paraît que je suis excentrique, folle, et cela parce que j'aime dire à chacun en face ce que je pense de lui ; ce n'est pas très judicieux. Je m'habille aussi comme si j'avais un grain, je veux dire par exemple qu'une fois je suis sortie dans la rue en pantalon. D'ailleurs, je m'en moque comme de colin-tampon, je suis comme je suis [...] et rien ne me fera autre. « Au revoir » mon petit journal !

Le 28.1.1943

Je suis sotte, terriblement sotte. Hier soir, alors qu'avec Nina nous approchions de la « vieille place », j'ai croisé Mica qui était avec Róźka et Minda. J'ai dit « Mica », mais elle, alors qu'elle m'avait parfaitement entendue, a poursuivi son chemin sans un mot... Je ne peux pas me pardonner de lui avoir adressé la parole ! Entre elle et moi, c'est *fini** désormais ! D'ailleurs, je lui préfère Nina. Se confier à Nina est plus facile. Elle est venue chez moi, ce soir, et je suis sortie avec elle. Il était 19 heures passées, nous sommes allées acheter de la levure, juste en face de chez Lolek. Elle est entrée faire l'achat tandis que je l'attendais sous le portail. Jumek et Natek qui passaient m'ont aperçue et se sont arrêtés. Ils m'ont demandé si j'attendais Janek. Ces idiots auraient pu s'imaginer des choses, mais « par chance » Nina est arrivée. Demain, j'ai l'intention d'aller chercher des livres chez Lolek. Après tout, je ne vais pas chez Tusia, à sa maison. Je

* En français dans le texte.

vais tous les laisser tomber, tous excepté Mietek, Nina et peut-être Janek, mais lui, depuis mardi, je ne l'ai pas encore vu. Bizarre. D'ailleurs, j'en suis assez contente, cela m'évite d'avoir à m'expliquer, ou plutôt à répondre aux questions de notre bonne. Les gens ont des idées très rétrogrades sur la camaraderie entre un garçon et une fille. Ils ne parviennent pas à comprendre le monde nouveau. D'ici à demain, je veux encore réfléchir à ma visite de demain : est-ce que je dois attendre à la porte de l'usine ou entrer dans la maison ? Sans doute y trouverais-je toute la compagnie. Je m'en moque, je veux juste emprunter des livres. J'irai avec Nina après 19 heures. Pour l'instant, j'en ai assez écrit. J'ai remarqué que, lorsque j'écris, je me sens le cœur plus léger, après. C'est comme si je m'étais confessée à quelqu'un. Je me demande si les juives peuvent se confesser à un prêtre chrétien. Qui pourrait me le dire ?

Le 29.1.1943

Janek ne vient toujours pas…

Le 30.1.1943

Je suis tel un diable déchaîné ! Mica et moi nous sommes rencontrées pour nous mettre d'accord sur la suite à donner à notre biographie. Ce matin, avec Janek et Mica, nous avions décidé de nous voir vers 16 h 30. Il n'était pas 16 heures quand je suis rentrée chez moi après être allée chez Mietek ; or voilà qu'on me dit que Janek est déjà passé et reparti ! Pour ne plus revenir sans doute ! Mica, quant à elle, n'arrive pas. Comment pourrais-je ne pas être furieuse ! C'est complètement foutu maintenant ! Je ne sais tout simplement pas ce qui m'arrive. Mica peut se pointer à tout moment, or papa[7] est à la maison. C'est la guigne sur toute la ligne. Parfois tous les « malheurs » vous tombent dessus d'un coup. Que va-t-il se passer maintenant ? Comment vais-je pouvoir joindre Mica et Janek ? Comment communiquer avec eux, désormais ? Oh, ce que je suis furieuse ! À cause de Janek, surtout. Au lieu de venir à 16 h 30, il se pointe à 15 h 30. Il n'était pas venu tout ce temps parce qu'il avait honte à cause de ses bottes, ils les lui ont prises.

Maintenant, il porte des [...] Janek vient d'arriver à l'instant pour repartir aussitôt, non sans avoir promis qu'il reviendra bientôt. Bientôt, demain matin. Je suis d'une humeur délicieuse. [...]

Je voudrais...

Le 31.1.1942*

Le 1.2

Rien

Le 2.2

* Il s'agit d'une erreur de notation par Rutka, lire 1943.

Le 3.2

Le 4.2

Le 5.2.1943

Le cercle se resserre de plus en plus autour de nous. Le mois prochain, le ghetto sera fermé, un vrai ghetto avec des murs de pierre. En été, ce sera insupportable de rester dans cette cage grise fermée, sans voir les champs et les fleurs. L'année dernière, j'allais dans les prés, j'avais toujours plein de fleurs et cela me rappelait qu'il sera possible un jour de se promener rue Małachowski[8] sans courir le risque de se faire envoyer en déportation ; il sera permis d'aller au cinéma le soir… De toute façon, les horreurs de la guerre m'ont déjà tellement « marquée » que les pires nouvelles ne me font plus d'effet. Je n'arrive tout simplement pas à croire qu'un jour, je pourrai sortir de chez moi sans porter l'étoile jaune[9], qu'un jour la guerre sera finie… Je suis curieuse de savoir comment cela arrivera. Je serai sans doute folle de joie. Pour l'heure, il faut penser à l'immédiat et donc au « ghetto ». Il deviendra bientôt impossible de se voir. Je ne pourrai plus rencontrer Mica qui a reçu un « C »[10] pour Kamionka[11], ni Janek qui a eu un « D », ni Nica qui a aussi un « D ». Mon Dieu, oh mon Dieu, que va-t-il nous arriver ? Rutka, tu as dû devenir complètement folle : tu en appelles à Dieu comme s'il existait ! La parcelle de foi que j'avais jadis s'est complètement brisée. Si Dieu existait, il ne permettrait pas que l'on jette les gens vivants dans des fours. Ou que l'on fasse exploser la tête des petits enfants avec des carabines. Ou qu'on les mette dans des sacs pour les gazer… On pourrait penser que ce sont des histoires de bonnes femmes quand on entend cela. Les gens qui ne l'ont pas vu de leurs yeux ne le croiront pas. Et pourtant, ce ne sont pas des histoires, mais la vérité ! Rien que par exemple ce vieillard qu'ils ont battu jusqu'à ce qu'il perde conscience juste parce qu'il avait mal traversé la rue… Ce qui est drôle, c'est que tout cela n'est rien tant qu'il n'est pas question d'Auschwitz... de la carte verte... de la fin... Quand arrivera-t-elle... ?

Le 6.2.1943

Quelque chose s'est brisé en moi. Quand je passe à côté d'un Allemand, tout se crispe en moi. J'ignore si c'est de peur ou de haine. Je voudrais leur tomber dessus, tourmenter leurs femmes et leurs enfants qui ordonnent à leurs chiens-chiens de salon de nous mordre. Oh oui, les frapper et leur serrer le cou très fort, de plus en plus fort... Quand le jour arrivera, le jour dont Nica[12] a parlé... Voilà pour une chose. L'autre maintenant. Il me semble qu'en moi la femme s'éveille, je veux dire qu'hier, tandis que j'étais allongée dans ma baignoire et que l'eau clapotait contre ma chair, j'ai eu envie que des mains me caressent... J'ignore ce que c'est, je n'avais jamais ressenti cela auparavant... J'ai vu Mica aujourd'hui. J'ignore comment ses amants « glauques » la tiennent pour qu'elle ne veuille pas se séparer d'eux. Tous sont tellement obnubilés par elle, persuadés que tous les garçons doivent être « embéguinés » par elle ; naturellement, j'en fais le reproche à Janek ; mais lui, elle le dégoûte (je ne sais pas pourquoi). Je crois que Janek m'aime beaucoup, mais moi, il ne me fait ni chaud ni froid !

Aujourd'hui, je me suis souvenue avec précision de la journée du 12 août 1942, de ce qui s'est passé au centre de regroupement de « Hakoach »[13]. Je vais essayer de décrire ce qui est arrivé pour m'en souvenir dans quelques années. Évidemment, à condition de ne pas me faire déporter en camp de la mort. Nous nous sommes levés à 4 heures du matin. Nous avons très bien mangé (vu ce qu'on mange par ces temps de guerre) : des œufs, une petite salade, du beurre de lait, du café blanc. Déjà, il était 5 h 30. Nous nous sommes donc mis en route. Des milliers de personnes marchaient dans la même direction, il fallait s'arrêter sans cesse pour limiter la cohue à l'avant et, à 6 h 30, nous étions arrivés. Nous avons trouvé une assez bonne place sur un banc. Notre moral était assez bon jusqu'à 9 heures. À ce moment-là, j'ai regardé à travers la clôture et j'ai vu des soldats avec leurs carabines pointées vers la place où nous étions, pour le cas où l'un de nous voudrait s'enfuir (par où ?). Des gens avaient des malaises, des enfants pleuraient, bref c'était le Jour du Jugement. Tout le monde avait soif et il n'y avait pas une goutte d'eau, la chaleur était horrible. Tout à coup, il y a eu une averse. Ensuite, il a plu ainsi tout le temps. Kuczyński[14] est arrivé à 15 heures et la ségrégation a commencé. Se voir attribuer un « 1 », c'était pouvoir rentrer chez soi ; le « 1a », c'était les travaux, ce qui est mille fois pire[15] que la déportation ; le « 2 » voulait dire « à vérifier », et le « 3 », c'était la « déportation ». Autrement dit la mort. J'ai vu alors ce que c'était que le malheur. Nous, nous avons été alignés à 16 heures. Maman avec papa et mon petit frère ont eu un « 1 » et moi un « 1a ». J'avais l'impression d'avoir pris un coup sur la tête. Salek Goldzweig[16], Linka Gold[17], Mania Potocka étaient déjà retenus dans les rangs des « 1a ». Le plus étrange était que nous n'avons pas du tout pleuré, ab-so-lu-ment-pas, pas une larme. Après, j'ai vu tant de malheurs que ma plume est incapable de les décrire tous. Des bébés étaient couchés sur l'herbe trempée par la pluie. L'orage se déchaînait au-dessus de nous. Les coups et les tirs de la police pleuvaient. J'ai été captive jusqu'à 1 heure du matin. Après, je me suis sauvée. Mon cœur battait à tout rompre ! J'ai sauté du premier étage de la petite dépendance et il ne m'est rien arrivé. J'avais juste les lèvres en sang pour me les être mordues. J'étais complètement chamboulée une fois dans la rue. Je suis alors tombée dans les bras d'un « uniforme ». Je sentais que j'allais craquer. Tout se bousculait dans ma tête et j'étais certaine qu'il allait me frapper... Mais il était ivre, manifestement. Il n'a pas remarqué mon étoile jaune et il m'a laissée repartir. Autour de moi, la nuit était d'encre avec juste de temps à autre un éclair qui déchirait les ténèbres. Le coup de tonnerre suivait. Par la route, normalement, cela prend une demi-heure pour rentrer chez nous du stade de Hakoach ; cette fois-là, j'ai mis dix minutes. Tout le monde était à la maison sauf ma grand-mère[18] ; papa l'a fait sortir le lendemain. C'était tout. Ah oui, j'ai oublié l'essentiel. J'ai vu de mes propres yeux un soldat arracher un bébé des bras de sa mère pour lui éclater la tête contre un lampadaire de toutes ses forces. La cervelle a giclé sur le poteau, la mère a eu une attaque. J'écris tout cela comme si de rien n'était, comme si j'étais un militaire aguerri aux cruautés alors que je suis jeune. J'ai quatorze ans et je ne connais pas grand-chose à la vie et pourtant je suis déjà tellement indifférente. Je ressens [...] juste une peur terrible maintenant quand je vois un « uniforme ». La tristesse me gagne quand je songe à toutes ces foules promises à la mort. Oh oui, ici on peut devenir fou quand on se souvient de tout. Maintenant les affaires locales : Janek est venu chez moi, cet après-midi. Nous avons dû rester à la cuisine. J'ai été méchante avec lui et je lui ai dit que j'avais distribué toutes mes photos. Cela l'a mis très en colère. Nous avons plaisanté. Nous avons parlé de « Nica et compagnie ». Au cours de la conversation, il a tout à coup lâché qu'il serait comblé s'il pouvait m'embrasser. Je lui ai lancé « c'est possible » et j'ai continué à parler. Il était un peu confus, il pensait que j'étais une Tusia ou une Hala Zelinger. Je serais en mesure de ne me laisser embrasser que par celui que j'aimerais et Janek m'est complètement indifférent. Après, papa m'a envoyée faire une course, j'ai dû descendre, Janek m'a accompagnée. Dans l'escalier, je lui ai demandé si s'embrasser est vraiment une chose tellement agréable. Ensuite, j'ai dit que je serais curieuse de savoir quel goût cela avait (ce qui est vrai de vrai). Il s'est mis à rire (il a un très beau rire, je dois le reconnaître) et il a dit que lui aussi était curieux de le savoir. Peut-être. Mais je ne me laisserai pas embrasser. J'ai peur de détruire une chose très belle, très pure... J'ai peur d'être un jour terriblement déçue.

Le 15.2.1943. Lundi

Je n'ai pas écrit depuis longtemps. Il n'y avait rien à écrire, en fait. Juste peut-être que les Allemands reculent sur le front de l'Est, ce qui semble annoncer une fin rapide de la guerre. J'ai juste peur que nous, les Juifs, nous finissions plus vite. Ils ont quitté Krasnodar, Stalingrad, Novorossiysk et sont en train de partir de Kharkov. Ce que je suis habile ! J'ai écrit tout plein sur la guerre et rien encore sur moi : Janek n'est pas venu depuis mercredi et je dois avouer qu'il me manque un peu. Je veux dire pas tant lui que son front, son beau front blanc. S'il ne vient pas aujourd'hui, j'irai sans doute l'attendre devant le « Wariat », je veux aussi savoir ce qui se passe avec Nica. Jumek a donné à Mietek une photo de Tusia. Je me demande si Jumek est encore entiché de

Tusia. Au fond, c'est un gentil garçon. Je l'aime bien, mais tout à fait autrement que Mietek. Quand on parle avec Mietek, on oublie complètement la différence de sexe et j'en suis très contente. Quand je parle avec Janek, celui-ci est toujours serviable, aimable, prêt à m'aider pour me montrer sa supériorité. Je lui en donnerais, moi, de la supériorité ! Je déteste. C'est pour cela que Tolek m'a plu. En fait, il me plaît toujours, mais je ne l'ai pas vu depuis très longtemps. J'ai l'intention d'aller chez Lolek pour chercher un livre. « P.P. » Merveilleux, paraît-il. À l'occasion, ce serait bien de parler avec Tuśka de Różia. Les deux me détestent. Różia plus encore que Tuśka. Je me suis fâchée avec Tuśka pour son bien. J'ai vu sa jalousie (je ne comprenais pas encore à ce moment-là), elle avait peur de me laisser seule dans une pièce avec Janek. J'ai fait « stop » et je me suis fâchée avec elle. Au fond, elle aussi était contente de notre rupture. Une chose encore, j'ai l'intention de me laisser embrasser par Janek. Quelqu'un doit bien m'embrasser un jour le premier, alors que ce soit Janek. Après tout, je l'aime bien tout de même.

Le 17.2.1943

Enfin, j'ai pu prendre contact avec Nica, aujourd'hui, à 5 h 15, chez Jumek ; et je suis heureuse non seulement parce qu'elle « sera là » mais aussi en partie parce que je verrai Janek. Il est étrange que moins je le vois, plus je l'aime bien. Je me demande ce que nous allons lire avec Nica. Je voulais aller chez Jumek en rentrant de la commune[19] mais je l'ai rencontré en chemin. Une chose encore : je vais peut-être avoir la possibilité de voir et de faire la connaissance de Heine Wajnsztok dont j'ai tant entendu parler à cause de Małgorzata et de Tusia. Je me demande s'il est aussi beau qu'elles le disent. Je dois aussi aller chercher des livres chez Lolek, cela ne peut pas attendre. Ces derniers temps, je suis terriblement distraite...

[*Une page a été arrachée*]

Le 20.2.1943

Il me semble que j'écris pour la dernière fois. En ville, la chasse aux Juifs bat son plein… Je n'ai pas le droit de sortir et, à la maison, je deviens folle. Ce matin, j'ai voulu aller chez Jumek pour le prévenir de l'action allemande qui se préparait. J'espère qu'il ne s'est pas fait prendre. Il y a quelque chose qui se trame depuis quelques jours. Une *Ausrotung kommission*[20] a eu lieu hier à Chrzanów. On s'attend à ce qu'il y en ait une ici aussi. Dans l'expectative, c'est comme si la vie s'était arrêtée en ville, on redoute le pire du pire. Il n'y a rien de plus atroce qu'attendre ainsi ! Je voudrais que ce soit fini, une fois pour toutes ! Ce calvaire, cet enfer ! Je m'efforce de chasser ces pensées à propos de demain… Elles ne cessent pourtant de me revenir en tête avec l'insistance agaçante des mouches. Ah ! s'il était possible de dire « Tant pis, on ne meurt qu'une fois ! »… mais, c'est impossible parce que malgré toutes ces horreurs cruelles chacun veut vivre, espérer demain ; c'est-à-dire, pour l'heure, en ce moment, Auschwitz ou un *lager* de travail. Je ne dois pas y penser ! Je me mets vite à écrire des choses personnelles.

Je suis au désespoir d'avoir été aussi sotte avec Janek ! C'est comme si des écailles m'étaient tombées des yeux, j'ai vu clair comme cela, sans même lui parler ni le voir. C'est un odieux personnage, un de ceux qui assassinent en gants blancs. Avec cela, il n'est pas intelligent, il pense à son pantalon au pli repassé, s'inquiète du nombre de pâtisseries mangées chez « Fontag » et s'intéresse aux belles jambes des filles, il est fourbe ; en aucun cas ce n'est un communiste et je ne sais pas pourquoi Lolek l'a fait entrer dans le groupe. Il ne peut que nuire. Pourriture de chien…

Jumek est différent. Simple, certes. Un esprit simple mais une intelligence pratique innée particulièrement développée. Il est très dévoué à Nica et Cie. Sans complications inutiles. Je l'aime beaucoup. C'est avec Nica et Jumek qu'hier j'avais planifié une visite à Tuśka pour tout lui dire et, ce faisant, lui clouer le bec. Elle sait trop de choses et elle parle trop. Il me sera peut-être encore possible d'aller chez Jumek, je le voudrais vraiment. Rutka, pourquoi essaies-tu de te persuader que tu ne le supportes pas ?

Le 24.2.1943

Détente momentanée en ville. Qui sait ce qui arrivera encore ? Il est question d'un *Arbeitsamsatz*[21] général pour les personnes de seize à cinquante ans, hommes et femmes. Les Allemands font de nouveau la chasse aux communistes[22]. J'ignore quand nous nous rencontrerons avec Nica. Ah oui, samedi après-midi, Mica est venue chez moi ! Nous sommes sorties. Nous avons rencontré Jumek et Mietek, nous nous sommes promenées avec eux, après quoi nous sommes allées chez Mietek. En route, nous avons rencontré Janek vêtu de son costume marron. Il s'est approché de moi pour me demander où j'allais. Me promener, ai-je dit. Il m'a demandé si les autres aussi. J'ai répondu oui d'un signe de la tête. Il était très embarrassé, mais il a fini par se décider à nous accompagner. Ensuite, il s'est mis à parler avec Jumek. Tous les deux marchaient derrière nous. Je me suis alors retournée pour lancer : « Tu viens, Jumek ? » Janek est devenu tout rouge, il m'a demandé en se forçant à rire : « Je ne compte plus pour toi ? » Il m'a alors tendu la main, juste à moi, et il a dit : « Au revoir. » Dieu qu'il est horrible ! Après, j'ai fait la connaissance de Salek Saper. Un garçon sympathique.

Avec maman, cela se complique de plus en plus. Hier, elle m'a vue avec Jumek, Mietek et Mica. Elle a essayé de me pousser aux confidences. Elle n'arrive pas à comprendre qu'il est difficile de se confier à un adulte. Je pourrais peut-être faire des confidences à Minka, mais je ne peux pas tout lui dire. Ces derniers temps, j'aime mes parents plus que je ne les ai jamais aimés. Mais ils sont parfois tellement durs avec moi. J'en souffre tant que je deviens insolente et méchante. Tuśka et son grand-père sont venus, ils voulaient savoir où vivait Eichu. Ils devaient sans doute aller chez Erich. Pendant que le grand-père parlait avec maman, j'ai demandé à Tuśka ce qu'elle avait dit à Różka Rechnic[23]. Elle lui a raconté que je la laissais complètement tomber et que je ne parlais qu'à Lolek. C'est très moche de sa part parce qu'elle sait que je ne peux pas m'en expliquer sans parler de « Nica ». Je voulais le lui dire au moment précis où maman est entrée. Tuśka a dit au revoir et elle est partie. Elle pensait que je voudrais me réconcilier avec elle. La sotte !

Même si je sais que je ne supporte pas Janek, j'aime entendre quand on parle de lui... Aujourd'hui, je vais sans doute voir Mica et Jumek. Je me demande s'il est allé chez Mica.

Le 1.3.1943

Une longue pause dans ce journal, à nouveau. En six jours, nous avons réussi à réduire notre maison à une seule pièce[24]. Nous sommes terriblement à l'étroit. Impossible de s'y retrouver. Hier, j'ai vu Jumek. Je lui ai dit de venir chez moi. Il est venu, aujourd'hui. Nous avons parlé. Mica est venue, elle aussi. Ensuite, nous sommes sortis et nous avons rencontré Janek, Lolek, Numek et Tadek. Janek s'est approché de moi pour me dire qu'il ne m'avait pas vue depuis très, très longtemps et après il a dit qu'il viendrait me voir. Il a essayé de se montrer enjoué, mais il n'y est pas parvenu. Demain soir, je vais voir Jumek. À la maison, tout n'est qu'ennui doublé d'ennui. Il n'y a pas où aller se promener. Plus aucun Juif[25] n'habite rue Modrzejowski. Aujourd'hui, nous sommes passés devant la commission. Je vais travailler[26] au *Sammelwerstatte des Sonderbeauftrages*[27]. C'est la firme la plus sûre. Samedi, j'ai l'intention d'inviter Jumek, Janek et Mica. Nous resterons dans la petite pièce. Pour aujourd'hui, ce sera tout.

Encore une chose. J'ai vu Heine Wajnsztok. Je m'imaginais un Apollon ; or, c'est un garçon pâle au visage de garçon coiffeur et aux cheveux soigneusement lissés.

Le 7.3.1943

Je ne comprends pas pourquoi je n'arrive à me confier à personne, pas même à ce cahier. Il est très difficile de s'analyser soi-même. Je tente de me persuader que je ne suis pas entichée de Janek alors qu'il me manque et que, souvent, je souffre de ne pas le voir, de ne pas l'entendre. Parfois, je regrette de m'être montrée aussi cassante avec lui, je me moquais tellement de lui que, plus d'une fois, il s'est mordu les lèvres jusqu'au sang...

Hier s'en est allé
s'en est allé

Seule le soir je suis restée
Les soucis au loin s'en étaient allés
Quand était-ce ? Hier
Ses lèvres m'embrassaient
m'embrassaient.

En fait, je ne devrais pas le prendre aussi au tragique. Nous ne nous disputions même pas, mais quelque chose a mal tourné le soir où je lui ai montré ma photographie dédicacée à Mietek. Il m'a alors regardée avec ses vilains yeux, il a encore attendu un moment et il est parti. Il n'est plus venu chez moi, depuis. Pourquoi ?

J'ai fait semblant d'être indifférente, mais, en réalité, j'avais du mal à me passer de Janek. Mais il n'est pas trop tard. Avec Nica, nous nous donnerons rendez-vous et je vais les voir. Je voudrais tout abandonner pour me sauver très loin. Loin de Janek, de Jumek, de Mietek, de ma maison et de toute cette pourriture désespérante. Je voudrais attacher des ailes à mes épaules pour m'élever très haut, entendre le hurlement fou de l'ouragan, sentir son souffle sur mon visage. M'envoler vers un endroit où il n'y aurait ni ghetto, ni *shop,* ni juiverie... Il me faut dormir maintenant. Le sommeil est ce qu'il y a de mieux à en croire Chodasienicz[28] dans « La Maison du bonheur » :

Cendres amères du cœur triste
Rêve silencieux en sombre gobelet
Qui n'a bu à ce gobelet
Quand son cœur s'emplit de cendres
Quand le rêve silencieux emplit le gobelet ?

Janek est venu chez moi le 13.2.1943 pour la dernière fois. Je crois que je ne lui proposerai plus jamais de venir.

Le 8.3.1943

Que t'arrive-t-il, Rutka ? Tu n'arrives plus du tout à te dominer. Ce n'est pas bien. Il faut te ressaisir et ne plus verser de larmes sur ton oreiller, la nuit. Que pleures-tu ou qui pleures-tu ? Certainement pas Janek. Qui, alors ? Tu pleures la pleine liberté. Ces maisons ternes, cette peur qui marque chaque visage te dégoûtent. La peur colle ses tentacules à chacun de nous pour ne plus le lâcher. Nica, Jumek, Janek. Zut, encore Janek. J'ai décidé de ne plus penser à lui et il s'impose à mes pensées en permanence. Serais-je vraiment aussi embéguinée de lui ? Serait-ce ce que l'on appelle l'amour ?

« Oui, Janek, je suis tombée amoureuse de toi, mais j'ai commis une faute impardonnable, je t'ai aimé lorsque tu t'en es allé... Je veux croire que toi aussi tu m'aimes, mais que tu es trop fier pour revenir. D'après ce que m'a raconté Jumek, cela se confirme. Lorsque tu étais chez Lolek, tu t'es brusquement levé, tu as mis ton manteau et tu as dis que tu allais chez Rutka. Jumek a dit : "Pas la peine de te presser, Rutka dit qu'elle n'aime pas tellement que tu viennes." Il paraît que tu as pâli. Tu t'es rassis et tu as eu l'esprit ailleurs toute la soirée. Janek, petit sot. Tu reviendras encore chez moi. R. »

À lire ces mots, on pourrait penser que c'est du sérieux. Je sais écrire de façon sentimentale.

Le 9.3.1943

Je crois que je suis devenue complètement folle. Je me suis réveillée ce matin en constatant qu'il ne me restait plus une miette d'affection pour Janek. Je devais avoir voulu me convaincre que j'en avais, comme je l'avais fait pour tous les garçons avant lui. À l'exception de Tolek. Tolek habite déjà Będzin, je vais sans doute le voir cette semaine. Mon cœur se gonfle de joie, je ne l'ai pas vu depuis très longtemps. Il me manque. Aujourd'hui, je suis allée chez Hala. Je suis restée chez elle jusqu'à 19 h 30. J'aimerais tellement que la guerre finisse ! Je suis fatiguée de cette vie où les jours sont tous pareils les uns aux autres !

Le mois prochain, je vais probablement travailler. Je veux apprendre à travailler. Être communiste et ne pas travailler, c'est incorrect.

Le 17.3.1943

Rien de spécial, de nouveau. Dans les trois mois qui viennent, nous devons déménager à Kamionka[29]. Pour finir, ce n'est pas le pire non plus. Hier, j'ai vu Janek, dans la rue. Il m'a dit « salut » et il s'est arrêté. J'ai fait comme si je ne le voyais pas et j'ai poursuivi mon chemin. Je m'ennuie tellement. Dimanche, je suis allée chez Tolek à Kamionka, mais il n'était pas chez lui. Dommage. Je voudrais laisser tomber Mica, Mina, Hala, etc. Tous, sauf Tolek. Je l'aime beaucoup. Il semble que lui aussi m'aime bien. Je l'aime bien, mais je ne suis pas entichée de lui. D'ailleurs, je ne comprends pas le mot « entichée », ce n'est qu'une attirance physique. Janek, Marek, Maniek, etc., se sont ainsi entichés de moi. C'est très bête, je veux parler du mariage. Les gens sont bloqués. Tout est chargé de volupté. L'amour n'est pas platonique ou alors cela correspond à de l'amitié. J'estime que les gens qui s'aiment vraiment ne devraient jamais se marier.

Le 20.3.1943

Aujourd'hui, j'ai reçu une affectation au travail. Lundi, à 6 h 30, je dois déjà me présenter à l'usine. Bon sang, 6 h 30, c'est terriblement tôt ! Si c'était l'été au moins, cela irait. Je me demande à quoi je vais travailler… ? Demain, je dois voir Tolek, j'en suis très heureuse. Il n'est permis de se promener que dans Zawał et Grzichów[30]. Quel ennui ! Des centaines de garçons et de filles traînent dans ces deux rues. Deux voyous locaux connus y sévissent. En allant chez Mica, je dois passer par ces rues. Je trouve cela très désagréable. Ces malandrins tirent sur les jupes des filles qui passent pour les taxer. Je traverse ces rues le plus vite possible, ce qui ne m'épargne pas leurs réflexions sur mes jambes et mon visage. Je me sens très mal alors, une sorte de nausée me gagne... Je me rappelle que Lolek me regardait de la même manière. C'est désagréable au plus haut degré, cette manière d'être toisée. Je me demande à quoi ressemble Tolek. J'ai rencontré Janek jeudi, alors que j'allais chez Hala. Nous marchions dans la même direction, aussi je n'ai pas pu l'éviter. Je ne le supporte pas.

Le 5.4.1943

Ainsi donc, je travaille. Les jours se suivent, tous identiques dans cette grisaille pareille à elle-même. Je travaille de 8 heures à 14 heures. Mon travail est très facile. Cela peut aller. Je me sens terriblement fatiguée, j'ai tout le temps envie de dormir. Jumek a été envoyé en camp. Mietek est allé chez lui, il s'est fait le messager de ses adieux. J'ai beaucoup de peine. C'était un garçon courageux. Je n'ai pas envie d'en écrire plus.

Le 24.4

L'été est déjà là. J'ai du mal à rester travailler au *shop* maintenant. Le soleil brille avec tant de beauté ! Derrière la fenêtre, le pommier fleurit. Les lilas aussi sont en fleur, et moi je dois rester dans une pièce puante à coudre. Bon sang ! Cette semaine, je suis allée à Sosnowiec[31], dans le quartier de Srodula[32], passer deux jours chez Suma. J'y ai fait la connaissance d'un très beau garçon et j'ai renoué connaissance avec mon cousin que je n'avais pas revu depuis sept ans. Ces deux journées sont passées très vite. Je n'avais pas envie de rentrer chez moi, mais il le fallait. La ville est vide, presque tout le monde vit à Kamionka, désormais. Nous aussi nous allons devoir y emménager[33]. Cette semaine sans doute. Pour l'instant, je m'ennuie terriblement, je tourne en rond toute la journée, je n'ai rien à faire.

[*À la suite de ce texte, plusieurs pages ont été arrachées. Si l'on retourne le cahier, on trouve plusieurs autres rédactions écrites par Rutka.*]

[*La première page est arrachée*]

À la montagne

À l'aube, je me suis levée pour me précipiter vers la fenêtre. Le fin liséré doré du soleil apparaissait à l'horizon. Je me suis habillée, j'ai bouclé mon sac à dos, j'ai pris à la main mon bâton ferré et je me suis mise en route. Moins de trente minutes plus tard, je suis arrivée au bas de la montagne. J'ai alors entamé l'ascension. Les palabres murmurées de la rivière montaient jusqu'à moi, elles se mêlaient au tintement de la cloche de l'église. À travers les branchages des pins apparaissaient les sommets des montagnes. Je suis grimpée de plus en plus haut par un chemin à peine visible dans la densité des fougères vert pâle, des mûriers et des framboisiers épineux. J'ai sauté d'une pierre à l'autre, je suis passée au-dessus des troncs d'arbres tombés, je me suis frayé une voie à travers les buissons. Devant moi, les sommets des montagnes géantes grandissaient. De longues herbes couchées couvraient le versant. Les cloches des vaches se faisaient entendre tels de lointains soupirs. De plus en plus souvent, des rochers surgissaient devant moi ; tachés ici et là par une dartre de mousse vert émeraude, ils s'amoncelaient très haut par l'inertie de leur poids. Ailleurs, les racines d'un arbre s'enroulaient autour d'eux telle une vipère. À chaque pas, les pierres (enserrées) reposaient dans une mousse rousse dont le lit souple ployait sous mon poids. Le vert hirsute des myrtilles faisait plonger les rhizomes dans la mousse ; les baies, sorte de rosée pourpre et bleue, saupoudraient le dessus des buissons. Là, je me suis assise. Les pins bruissaient au-dessus de moi avec tendresse, le murmure de leurs aiguilles se mêlait à celui de la rivière. Le soleil inonda de la dorure de ses rayons la montagne et fit briller le vert des herbes. Au loin, un ruban de fumée montait du feu d'un berger…

Le 11.8.1942

L'hiver au ghetto

La neige tombe en grands flocons blancs et couvre la boue de la rue d'une chape blanche. L'hiver est là. Pourtant la rue ne retentit pas des cris joyeux d'enfants qui signalent habituellement l'arrivée de l'hiver. Pour la majorité des habitants du ghetto, l'hiver annonce le spectre de la misère et de la famine. Partout les files d'attente s'allongent, files pour les pommes de terre, pour les rutabagas, pour le charbon, le pain. Des enfants pauvrement vêtus tendent la main vers les passants. Ces enfants sont les stigmates de la grisaille du ghetto. Les parents ont été déportés, les enfants abandonnés à eux-mêmes hantent les rues. Les gens ont le visage soucieux et triste. Soudain, un cri. Un policier vient de bousculer un vieillard voûté. Il l'a fait tomber à terre, sa tête a heurté une pierre. La neige blanche s'est gorgée de la pourpre du sang. Plus loin, une femme pleure, son mari a été arrêté. Qui sait si elle le reverra jamais…

Au clocher de l'église, 5 heures sonnent. Les ouvriers des *shops* se déversent dans la rue. Des jeunes filles dénutries, anémiques…

[*La suite est illisible*]

[*Les cinq premières lignes sont illisibles*]

[…] la mariée fut prise de sanglots […], elle pleura jusqu'à l'église. La noce emprunta la route. Chemin faisant, tout le monde chantait et s'amusait. À l'église, le curé a béni leur union, leur a fait des recommandations. Ils sont repartis chez eux où les attendait un merveilleux festin. Le soleil se couchait quand ils se levèrent de table. Ensuite, la mariée a été coiffée[34], elle pleurait à chaudes larmes. Après, eut lieu le traditionnel jeu des gages…

Notes

1. La ville de Będzin se trouve en Silésie, au nord-est de Katowice. En 1939, la population juive de Będzin est estimée à 24 495 personnes. La région de Haute-Silésie orientale, *Ostoberschlesien* pour les Allemands, est fortement industrialisée. Dès le début de l'Occupation, la *Haupttreuhandstelle Ost* (Bureau principal de tutelle à l'Est) confisque tous les biens juifs. Toutefois, les Juifs de la région sont relativement épargnés par rapport aux autres Juifs polonais parce que le Reich a besoin de travailleurs spécialisés et hautement qualifiés. Leur situation devient tragique à peu près au moment où débute le *Journal* de Rutka. *(N.d.T.)*

2. *Julien l'Apostat* est le premier livre du cycle romanesque de l'écrivain russe Dmitri Merejkovski, publié en Pologne, en 1901, sous le titre *Chrystus i Antychryst* [Le Christ et l'Antéchrist] par les éditions Gebethner et Wolff; en 1929, il a paru en France sous le titre *L'Antéchrist*, dans une traduction de Dumesnil de Gramont, chez Calmann-Lévy. (*N.d.T.*)

3. Andrzej Strug, pseud. de l'écrivain polonais Tadeusz Gałecki (1871-1937). Son roman *La Sépulture du soldat inconnu* est paru en 1922.

4. Gustav Meyrink, pseud. de l'écrivain autrichien Gustaw Meyer (1868-1932) ; son livre *Le Golem,* paru en 1917, plonge le lecteur dans les ruelles sinistres du ghetto de Prague, hantées par un automate d'argile. Celui-ci, créé par un rabbin alchimiste, selon la tradition cabalistique, se révolte contre son créateur.

5. Dwojra Laskier, née Hampel (1904-1943), la maman de Rutka, était originaire de Będzin. Elle a disparu à Auschwitz-Birkenau.

6. Joachim Laskier (1937-1943), le jeune frère de Rutka. Il a disparu à Auschwitz-Birkenau avec sa mère et sa sœur.

7. Jakub Laskier (1900-1982), le père de Rutka, fut arrêté par les nazis en août 1943 avec toute sa famille. Séparé de sa femme et de ses enfants au moment de la sélection, il fut envoyé au camp de Sachsenhausen, où il fut affecté à la production de faux dollars américains et de fausses livres anglaises. À la libération du camp, il choisit de s'installer en Israël où il épousa Chana Zawiner, avec laquelle il eut une fille, Zahava.

8. La rue Małachowski est située au centre de Będzin. L'une des mesures de répression à l'égard de la population juive consistait à expulser celle-ci des logements situés dans les rues principales des villes. Venait ensuite l'interdiction pour toute personne portant l'étoile juive de traverser ces

rues. Il s'agit là d'un élément de persécution aussi sournois que cruel. Il était par ailleurs très efficace, comme le montre ce récit. Il isolait les familles et les individus tout en les fragilisant économiquement et psychologiquement de plus en plus à chaque nouvelle expulsion. La famille Laskier possédait un immeuble dans le centre ville, rue Saint-Jean. Elle fut contrainte de le quitter en 1942 pour occuper la maison d'un étage située au 13 de la rue du 1er-Mai, dont une famille polonaise venait d'être expulsée. D'autres familles juives furent confinées dans cette maison en mars 1943, réduisant l'espace habitable de tous. Ce n'était qu'un lieu de transit pour toutes, puisqu'elles étaient peu à peu envoyées, plus à l'étroit encore, dans le quartier périphérique très pauvre de Kamionka qui devenait le ghetto fermé de Będzin. Une insurrection y éclata en août 1943. Elle fut écrasée. La déportation vers les camps vida le ghetto.

9. Le brassard blanc avec l'étoile de David (*Judenstern*) fut remplacé en 1941 par une étoile jaune avec l'inscription «*Jude*» qui devait être portée sur le haut de la poitrine. Rutka écrit *Judensztern* selon les règles orthographiques polonaises.

10. La population juive était régulièrement soumise à des sélections au cours desquelles les plus chanceux étaient affectés au travail dans un atelier allemand appelé *shop*; les autres étaient déportés vers les camps de travail, les « improductifs » vers la mort.

11. Kamionka était le quartier le plus pauvre de Będzin-

Warpia. D'octobre 1942 à août 1943, il fut celui du ghetto. Avant d'y être envoyée, chaque personne était classée dans une catégorie en fonction de sa capacité à travailler, ce qui décidait de l'endroit où elle devait vivre dans le ghetto.

12. Dans ce texte, « Nica » fonctionne comme un prénom, néanmoins certains indices semblent signaler qu'il s'agit d'un code utilisé par Rutka Laskier pour désigner le groupe de jeunes communistes auquel elle appartient. (*N.d.T.*)

13. Hakoach était le nom du stade construit en 1911, à Będzin, par l'Association juive de gymnastique et de sport. La population juive de Będzin y fut regroupée pour les terribles « sélections » qui eurent lieu à partir de mai 1942, lorsque commencèrent les déportations vers Auschwitz. En août 1942, cinq mille personnes furent expédiées à Birkenau. Les jeunes déclarés aptes au travail étaient séparés des familles pour être « sauvés par le travail ». Comme le montre ce témoignage, ils ne croient plus à ce « salut ».

14. Friedrych Kuczyński (1914-1948) était le responsable du Conseil juif. Il était sous les ordres du plénipotentiaire du Reichfürer SS et du chef de la police allemande chargé des nationalités étrangères en Haute-Silésie. En 1948, il fut condamné à mort par le tribunal polonais de Sosnowiec pour crimes sur la nation juive.

15. Les jeunes sont envoyés dans divers camps de travail. Le *Judenrat* (avec la police juive) est chargé de pourvoir en travailleurs les ateliers appartenant aux nazis et d'organiser

les déportations. Il crée aussi une ferme modèle de 40 hectares au sud de Będzin, destinée à former des jeunes Juifs. Longtemps l'idée prévaut que telle est la meilleure manière de les sauver de la mort. À partir de mai 1942, les mouvements de la jeunesse dénoncent ce mensonge et mènent une campagne contre le *Judenrat*, accusé de collaboration avec les nazis. La « ferme » devient un grand foyer de la résistance, dont l'organisation principale est la *Żydowska Organizacja Bojowa* [Organisation de combat juive], animée par Mordechaï Anielewicz, qui parle de l'extermination des Juifs dans le *Generalgouvernement* et aide à organiser la résistance locale. Rutka signale ici qu'elle est très informée de la situation.

16. Salomon Goldzweig, ami de Rutka, disparut à Auschwitz-Birkenau.

17. Paulina Gold, camarade de classe de Rutka, survécut à l'Holocauste. Après la guerre, elle s'installa à Londres.

18. Les Juifs classés « improductifs » étaient envoyés à Auschwitz. Tel était le cas de la grand-mère, manifestement sélectionnée pour un convoi vers la mort. Jakub Laskier parvint à l'en sauver cette fois encore.

19. Il s'agit de l'immeuble de la Commune juive, le *Judenrat*.

20. *Ausrottungskommission* : terme allemand (Rutka l'écrit avec des fautes) pour « commission d'extermination ». Les habitants du ghetto de Chrzanów ont été déportés vers les camps de la mort le 18 février 1943.

21. Terme allemand pour Bureau de l'emploi.

22. Au printemps 1943, Moshe Merin, président du *Judenrat Central*, fait arrêter et remettre aux Allemands huit jeunes suspectés d'activisme communiste ; tous sont exécutés.

23. Różka Rechnic survécut à l'Holocauste. Elle partit vivre aux États-Unis.

24. La maison où vivent les Laskier est obligée d'accueillir de nouvelles familles.

25. La rue Modrzejowski était principalement habitée par des familles juives avant 1939.

26. Sous l'occupation, l'obligation de travailler frappait toute personne atteignant quatorze ans.

27. Il s'agit de ce que l'on appelait un *shop*, une entreprise où les femmes, en général, étaient affectées à la fabrication des uniformes de l'armée allemande, par exemple. Peut-être s'agit-il ici de l'entreprise d'Alfred Rosner. Ces ateliers dépendaient du plénipotentiaire spécial du Reichfürer SS et du chef de la police allemande chargé de l'emploi des nationalités étrangères.

28. Władysław Chodasienicz (1886-1939), poète et critique littéraire russe d'origine polonaise.

29. Quartier transformé en ghetto fermé juste avant l'extermination de la population juive de Będzin.

30. Quartiers de Będzin.

31. Sosnowiec est une ville au sud de Będzin. Contrairement à ce qui se passe ailleurs en Pologne occupée par les nazis, dans l'*Ostoberschlesien,* aucun ghetto n'est fermé

avant le printemps 1943. Rutka peut donc se rendre dans le ghetto de Sosnowiec.

32. Le quartier fait partie du ghetto entre 1942 et 1943.

33. Le ghetto est réduit au secteur de Kamionka.

34. Au cours d'une noce polonaise à l'ancienne, à minuit, les demoiselles d'honneur ôtent à la mariée son voile, sa couronne de fleurs et coupent sa natte avant de la coiffer du bonnet des femmes mariées. Ce bonnet des noces est blanc, finement brodé, souvent cadeau de la marraine de la mariée. Des jeux accompagnent le rite (la mariée fait semblant de s'enfuir, elle s'empare d'un chapeau masculin, piétine le bonnet)...

MA SŒUR RUTKA[1]

par Zahava (Laskier) Sherz

traduit de l'anglais par Maryla Laurent

1. Dans ce texte traduit de l'anglais, l'orthographe des prénoms reste celle de l'auteur : ainsi par exemple le père est « Yaacov Laskier ». Dans la traduction du polonais du *Journal* de Rutka, les prénoms sont restés tels que les écrit Rutka : le père est « Jakub Laskier ». *(N.d.T.)*

Rutka

J'avais quatorze ans lorsque je tombai sur un album photo rouge caché derrière une pile de draps amidonnés, dans la maison de mes parents à Givataym. Les photos étaient celles de « là-bas », d'avant le temps de l'Holocauste. C'étaient les photographies de la famille de mon père qui avait été exterminée. Je savais qu'il avait perdu ses parents, ses quatre frères et ses quatre sœurs. Je ne savais rien de plus.

Dans l'album il y avait aussi la photographie d'une fillette entourant de ses bras les épaules d'un petit garçon. Elle avait dans les huit ans, de magnifiques cheveux noirs et lisses. Le cœur lourd, je me tournai vers mon père pour lui demander qui étaient ces enfants, qui était cette petite fille qui me ressemblait tant. Ce fut alors que, pour la première fois, mon père me parla de Rutka et de

Heniuś, les enfants qu'il avait eus avec Dorka – Dvorah Hampel, née en 1904 à Będzin –, disparue pendant l'Holocauste. Rutka avait quatorze ans quand elle mourut, l'âge que j'avais lorsque j'appris son existence ; Heniuś avait six ans au moment de sa mort. Voilà comment je découvris que mon père avait eu une autre vie par le passé.

Quatorze ans plus tard, mon mari Avigdor et moi avons eu une fille qui naquit à l'hôpital Mount Scopus de Jérusalem. Nous lui avons donné le prénom de Ruth. Nous avons aussi un fils, Yishai.

En janvier 2006, un vendredi matin, je rentrais d'un voyage professionnel en Angleterre lorsque je reçus l'appel d'un inconnu. Menachem Lior se présenta en disant qu'il était originaire de Będzin et me demanda si j'étais la fille de Yaacov Laskier. Il me dit avec émotion qu'à Będzin venait d'être retrouvé le journal tenu par une jeune fille pendant l'Holocauste. *Le Journal de Rutka Laskier* était resté caché pendant soixante-deux ans. À partir de ce matin-là, j'allais faire la connaissance de ma sœur – une jeune fille belle, intelligente et talentueuse, qui, sachant qu'elle ne survivrait pas, avait voulu laisser un témoignage. J'allais apprendre ce que fut sa vie, comprendre ce que fut sa mort.

Que s'était-il passé avec son journal avant sa découverte en 2006 ? Je l'ai appris grâce aux enquêtes que j'ai faites de par le monde et grâce à des rencontres dont celle, absolument invraisemblable, de Stanisława Sapińska. C'était cette Polonaise goy de Będzin, désormais âgée de quatre-vingt-deux ans, qui avait caché le cahier avant de le rendre public.

En 1943, la famille Laskier (Yaacov, Dorka, Rutka, Heniuś et mamie Golda) vivait dans une pièce, au 13 de la rue Kasernerstrasse (rebaptisée rue du 1er-Mai après la guerre), dans le ghetto ouvert de Będzin. L'immeuble qui appartenait à la famille de Stanisława Sapińska avait été réquisitionné par les Allemands lorsqu'il s'était retrouvé dans le périmètre du ghetto. Stanisława, qui avait alors vingt ans, travaillait non loin de là. À la demande de son père, elle passait voir de temps à autre ce que devenait leur maison. C'est ainsi qu'elle rencontra Rutka, qui, selon elle, était une jeune fille sérieuse et d'une grande maturité. Elles devinrent amies. Stanisława prit l'habitude de rendre visite à Rutka au moment de sa pause déjeuner et les deux jeunes filles se firent ainsi de nombreuses confidences. Lorsque je rencontrai la vieille dame polonaise, celle-ci me confia que

Rutka était très informée des événements de la guerre, de la situation militaire et du sort tragique des Juifs déportés. Rutka était-elle en relation avec la Résistance ? Je le pense. Au cours de l'une de leurs conversations, Rutka confia à son amie qu'elle tenait un journal. Elle savait qu'elle ne survivrait pas au conflit, mais voulait que son journal soit sauvé. Les deux jeunes filles décidèrent que, le jour venu, Rutka cacherait son cahier sous le double plancher de l'escalier de l'immeuble et que Stanisława Sapińska le récupérerait ensuite pour en prendre soin.

En avril 1943, la famille Laskier quitta la maison de la Kasernerstrasse pour gagner le ghetto fermé situé dans la banlieue Kamionka de Będzin. La dernière date inscrite dans le journal de Rutka est le 24 avril.

La guerre terminée, Stanisława Sapińska retourna à l'appartement vide, pillé et ravagé. Le journal avec ses soixante pages écrites de la main de Rutka se trouvait à l'endroit convenu, dans le double plancher de l'escalier. Il avait été presque entièrement préservé si l'on excepte de rares pages supprimées, peut-être par Rutka elle-même, et quelques autres illisibles (sans doute du fait de l'humidité). Quelques textes isolés figuraient à la fin du cahier. Leur contenu ne s'inscrit pas dans le cadre des événements décrits à partir de 1943.

Stanisława Sapińska récupéra le *Journal de Rutka* et le garda. Elle prit l'habitude de le relire de temps à autre en pensant à son amie. Quand elle fêta ses quatre-vingts ans, elle en parla à sa famille. Son neveu comprit que ce *Journal* avait une valeur historique et devait être déposé au musée de la ville. Le cahier fut alors confié à Adam Szydłowski, un journaliste qui menait des recherches sur la vie des Juifs de Będzin. Ce dernier enquêta sur la vie de Rutka, chercha des survivants de sa famille, et c'est ainsi qu'il me trouva par l'intermédiaire de Menachem Lior et d'une cousine de Rutka, Dalia Hampel.

Lors de mon voyage sur les traces de Rutka, j'ai aussi rencontré à Londres une camarade de classe de Rutka, Linka Gold. Elle m'a parlé de leur vie avant la guerre, de leur vie dans le ghetto, de la manière dont elles s'étaient débrouillées pour s'enfuir lors de la première *Aktion*[1] à Będzin (Rutka en parle dans son journal[2]). Linka me

1. En août 1942, cinq mille Juifs de Będzin furent expédiés à Birkenau.

2. À la date du 6 février 1943.

montra son « livre souvenir » du temps de l'école où Rutka a écrit un mot. Je me suis aussi entretenue avec des survivants de Będzin qui vivent en Israël et qui ont connu Rutka et sa famille.

En mai 2006, je me suis rendue à Będzin avec mon mari. Guidés par Adam Szydłowski, nous avons emprunté les rues de la ville comme l'avaient fait Rutka et la famille Laskier, nous avons visité les maisons où tous avaient vécu avant et pendant la guerre. J'ai gravi l'escalier où le journal avait été caché et je me suis assise sur le banc de la cour où Rutka et Stanisława avaient l'habitude de converser. J'ai vu le vaste monde de cette belle adolescente curieuse et talentueuse se refermer peu à peu sur elle jusqu'à sa triste fin.

En Pologne, de nombreux sites sur Internet racontent l'histoire de Rutka, des jeunes écrivent des poèmes pour elle. Les Polonais l'ont surnommée « l'Anne Frank polonaise ». La ville de Będzin est fière d'honorer son souvenir. Quant à moi, j'ai vu la fosse funéraire de ma famille, de ma sœur, et assumé la souffrance de ma mission qui est de veiller au devoir de mémoire dans l'honneur et l'amour.

Yaacov Laskier

Mon père Yaacov Laskier, né en 1900 à Będzin, a eu trois vies. Les racines de la première plongent profondément dans l'histoire des Juifs de Pologne, au début du XXe siècle. La famille Laskier faisait partie des notables de la Haute-Silésie industrielle. Mon grand-père, David Laskier, était un Juif influent, il possédait un grand moulin à blé et il était très religieux. Il épousa Golda Zisman, dont il eut neuf enfants, quatre filles et cinq garçons. Mon père Yaacov était le cinquième d'entre eux. Comme il était normal à l'époque, mon père fut envoyé au *Heder* (l'école juive élémentaire) à l'âge de trois ans. En dépit de son jeune âge, il se rebella contre cette éducation religieuse traditionnelle. Il fut alors inscrit dans un établissement public situé à douze kilomètres de chez lui. Il s'y rendit à pied, chaque jour, pendant quatre ans. Par ailleurs, il rejoignit le mouvement des jeunesses

Dror[1] et il fit sien le rêve sioniste. Au moment de la Première Guerre mondiale, à dix-sept ans, il partit pour Israël avec cinq de ses amis de Będzin. En 1917, les « Six de Będzin » quittèrent la Pologne pour se rendre à Odessa, où ils rencontrèrent Bialik[2] et Ussishkin[3], puis à Istanbul, en Turquie et, de là, ils poursuivirent leur voyage en

1. Avant la Seconde Guerre mondiale, le mouvement juif DROR se consacrait à l'éducation de la jeunesse juive en diaspora et concentrait ses efforts à la formation et à la préparation en vue de l'Alyah (émigration vers Israël). *(N.d.T.)*

2. Haïm-Nahman Bialik est l'un des plus célèbres poètes de langue hébraïque (1873-1934). La publication de son premier poème, « Vers l'oiseau », date de 1891. Bialik part s'installer à Odessa, où il rejoint les plus grands poètes de langue hébraïque de l'époque. Haïm-Nahman Bialik se rend une première fois en terre d'Israël en 1909 pour s'installer définitivement en Palestine, en 1921. Il y promeut la création littéraire en hébreu de la communauté sépharade. Il traduit en hébreu de nombreuses œuvres centrales de la littérature étrangère. Sa renommée et son nom sont le symbole de la création littéraire sioniste. *(N.d.T.)*

3. Avraham Menahem Mendel Ussishkin naît en Russie en1863, et s'installe en Palestine en 1903. Puis il retourne en Russie, où il devient directeur du Conseil Odessa et s'investit dans le projet sioniste. Il est l'un des fondateurs du mouvement Amour de Sion, l'un des leaders du sionisme politique.

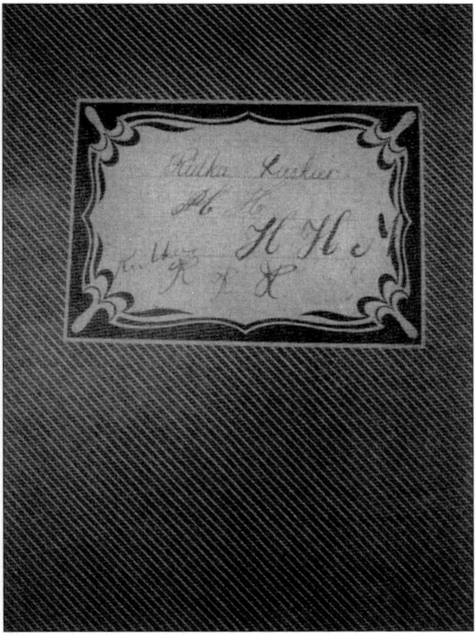

Couverture du *Journal de Rutka*.

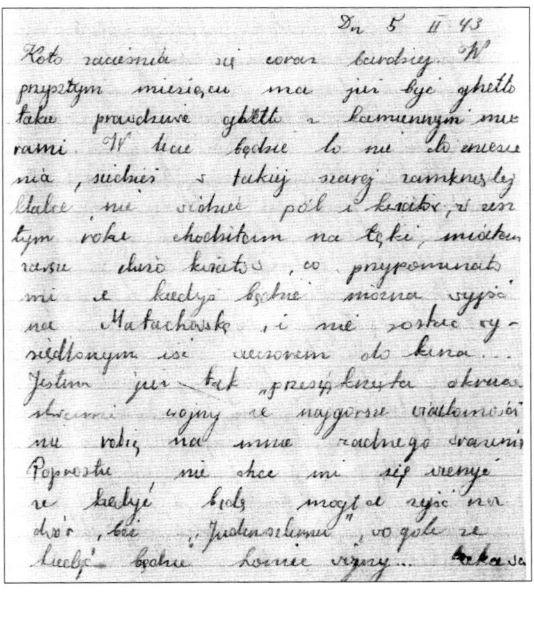

Dn 5 II 43

Koło zaciska się coraz bardziej. W przyszłym miesiącu ma już być ghetto takie prawdziwe ghetto z kamiennymi murami. W lecie będzie to nie do zniesienia, siedzieć w takiej szarej zamkniętej klatce, nie widzieć pól i kwiatów, w zeszłym roku chodziłam na łąki, miałam zawsze dużo kwiatów, co przypominało mi że kiedyś będzie można wyjść na Małachowskiego, i nie zostać wysiedlonym iść wieczorem do kina... Jestem już tak „przesiąknięta" okrucieństwami wojny że najgorsze wiadomości nie robią na mnie żadnego wrażenia. Poprostu nie chce mi się wierzyć że kiedyś będę mogła wyjść na dwór, bez „Judenscheinu", wogóle że kiedyś będzie koniec wojny... Rutka ja

Première page.

Rutka, 1928.

Yaacov et Dvorah Laskier,
Zakopane, 1930.

Yaacov et Dvorah Laskier.

Rutka et sa mère.

Rutka et une amie en vacances, 1932.

Rutka et Heniuś, 1939.

Portrait de Rutka, offert à sa famille en Israël
et daté du 21 novembre 1933.

Będzin, 1940. Un couple âgé, au milieu de ses affaires, avant son départ pour le ghetto.

Une rue du ghetto de Będzin.

Déportation des Juifs du ghetto de Będzin.

Photos de famille : collection Zahava (Laskier) Scherz

La nouvelle famille : Yaacov, sa femme Hannah (Viner) et leur fille Zahava Laskier, 1951.

Collection Stanisława Sapińska

Stanisława Sapińska, l'amie polonaise de Rutka dans les années 1940.

bateau jusqu'en Israël. Mon père ne se sépara pas de son violon pendant tout ce périple. Une fois arrivé, il s'inscrivit à une formation à Degania[1] et se joignit à l'équipe de travail de A. D. Gordon[2] ; il partagea une chambre avec Joseph Trumpeldor[3] et fit partie des fondateurs de la colonie de Migdal

---

Il s'oppose au projet d'implantation d'une colonie juive en Ouganda, dirige le *Keren Kayemeth LeIsrael* (fonds central destiné au rachat de terres en Palestine). Il pose comme fondement principal du sionisme l'implantation humaine et agricole en Terre d'Israël. *(N.d.T.)*

1. Le kibboutz de Degania, au sud du lac de Tibériade, est installé sur des terres achetées par le KKL en 1900. Le groupe qui s'y installe crée la première *Kvoutsa* (groupe), qui va mettre en pratique l'idéal social de la libération de l'homme par le travail de la terre et la fraternité entre les hommes, telle qu'elle s'exprime dans la philosophie de A. D. Gordon.

2. Aharon David Gordon (1856-1922), né en Russie, est très tôt un membre du mouvement *Hibbat Sion.* Il fait son *Alyah* en 1904, s'installe dans le kibboutz de Degania en Galilée en 1919. Sa philosophie s'appuie sur la *Kvoutsa*, le groupe, qui s'installe à un endroit et se libère de sa condition exilique en délivrant la terre de sa torpeur. *(N.d.T.)*

3. Joseph Trumpeldor (1880-1920) était un des premiers activistes sionistes. Né en Russie, engagé volontaire dans

sur les rives du Kinneret[1]. Peu après, il eut le typhus et la malaria (comme beaucoup de kibboutzim à l'époque), ce qui mit sa vie en danger. Les médecins lui conseillèrent de rentrer en Pologne. Il était convaincu qu'il reviendrait en Israël dès que sa santé s'améliorerait. Sa première vie se termine là. Il en était très fier et m'en parlait volontiers, un large sourire illuminait alors son visage tandis que son regard exprimait sa passion.

La deuxième vie de mon père commence à son retour en Pologne, en 1920. Il travailla dans la banque, d'abord à Gdańsk puis à Będzin, et il

---

l'armée du tsar, il s'y illustra par sa bravoure. Il fit des études de droit à l'université de Saint-Pétersbourg, puis immigra en 1912 en Palestine. Il vécut dans un premier temps dans un kibboutz, à Degania. Il est connu pour sa participation active à la création des légions juives (1915, « corps des muletiers de Sion », première unité militaire composée uniquement de Juifs), prémices idéologiques aux forces de défense israélienne. En 1917, Trumpeldor collabora avec Vladimir Jabotinsky pour former des unités militaires juives plus importantes sous direction britannique. *(N.d.T.)*

1. Sur les berges du lac de Tibériade. *(N.d.T.)*

épousa Dorka, Dvorah Hampel. En 1929, naquit Rutka; en 1937, Heniuś-Joachim. C'était une famille moderne, laïque, et bourgeoise. L'hiver, elle allait au ski. Au printemps, elle faisait des excursions en montagne et, l'été, elle partait en vacances à la mer. Rutka fréquentait le lycée privé Furstenberg[1], elle était membre d'associations de jeunes et avait une vie sociale très active. Yaacov ne se départit jamais de son rêve sioniste et resta

1. À Będzin, en 1916, Berisz Preger, Jeszaja Hendel Ehrlich, Salomon Gutman, Mosze Szajn et Meir Potasz décident la création d'un collège pour les garçons juifs. Cinq classes sont ouvertes au 45 de la rue Kołłątaj. En 1928, le collège devient mixte. Szymon Furstenberg, un philantrope connu, le dote d'un nouvel immeuble et, grâce à cela, l'établissement obtient l'autorisation de devenir lycée et de délivrer le baccalauréat. L'établissement prend le nom de lycée mixte Helena et Szymon Furstenberg. Il est parmi les plus modernes de Pologne, avec des laboratoires, une salle de gymnastique, des terrains de sport, des courts de tennis, un jardin, un sauna, etc. Le polonais y est la langue d'enseignement, mais les élèves peuvent y apprendre l'hébreu, l'anglais et le français. Le lycée est classé dans la catégorie « A » et donc parmi les établissements scolaires de pointe en Pologne. Une école primaire est adjointe à l'établissement secondaire. Dawid Einhorn est le dernier directeur du lycée avant la guerre. *(N.d.T.)*

en relation avec ses beaux-parents Hampel qui étaient partis pour Israël. Il leur envoyait régulièrement des photographies des enfants, et c'est ainsi que certaines d'entre elles, dont celle de Rutka, ont été retrouvées.

Mon père avait le projet de partir en Israël avec sa famille pour s'y installer, y construire sa maison, mais la Seconde Guerre mondiale l'en empêcha. Il semble qu'il n'avait pas prévu ce qui arriva.

Le père de Yaacov, David Laskier, mourut de maladie dans le ghetto de Będzin en 1942 et fut incinéré dans le cimetière proche de la ville. En août 1943, la grande *Aktion* « de liquidation du ghetto » eut lieu à Będzin. Yaacov Laskier, son épouse Dorka, ses deux enfants Rutka et Heniuś ainsi que sa mère Golda furent déportés en train jusqu'à Auschwitz. Rutka, Heniuś et leur mère furent dirigés immédiatement vers la chambre à gaz. Yaacov, fort et en bonne santé, dut travailler au camp. Après plusieurs mois, exténué, il était devenu ce qu'on appelait un « musulman[1] ». Un

1. À Auschwitz, la dernière étape de la vie des déportés, vaincus par la faim et le froid, était appelée « musulmanisation ». Le professeur Robert Waitz, qui travailla au Revier

jour, il rencontra le mari de sa sœur qui lui dit que les Allemands cherchaient des hommes appartenant au secteur financier avant la guerre, ayant travaillé à la gravure ou ayant occupé des postes qui exigeaient de la minutie, comme l'horlogerie par exemple. Mon père avait été banquier et il semblait donc avoir les qualifications requises. Personne ne savait de quel genre de travail il s'agissait, ni ce que deviendraient les détenus qui s'y feraient enregistrer, mais mon père n'avait plus rien à perdre. Il fut alors transféré au camp de Sachsenhausen en Allemagne où il travailla dans l'opération secrète appelée « Bernhardt Operation ». Les prisonniers juifs – artistes, peintres, graphistes, graveurs et imprimeurs – fabriquaient de faux billets que le régime nazi voulait injecter dans l'économie de ses ennemis pour qu'elle s'effondre. Il y eut surtout de fausses

---

(infirmerie du camp), décrit l'état de « musulman » comme celui d'un homme sous-alimenté, insuffisamment protégé du froid, qui a perdu 30 % à 35 % de son poids. Certains détenus descendaient à 28 kilos. Ces individus consommaient leurs réserves de graisse, leurs muscles et se décalcifiaient. Ils devenaient, selon le terme du camp, des « musulmans » ; leurs chances de survie ne dépassaient plus six mois. *(N.d.T.)*

livres sterling, mais aussi des faux roubles et, vers la fin de la guerre, des dollars américains et des faux certificats de naissance hollandais. À la fin de la guerre, alors que les armées alliées progressaient, le groupe des « faux-monnayeurs » avec son équipement et ses machines fut transféré au camp d'extermination d'Ebensee, en Autriche. Une partie des prisonniers, dont Yaacov Laskier, s'attarda à l'entrée du camp. Par chance, les troupes américaines étaient proches. Le commandant nazi, les gardes et les soldats s'enfuirent avant d'avoir eu le temps d'assassiner tous les détenus. Le camp fut libéré et Yaacov survécut pour commencer une nouvelle vie. Il était le seul survivant de sa famille.

La troisième vie de Yaacov commença alors qu'il était un homme brisé, accablé par la disparition de ses enfants, de sa femme, de sa mère, de ses frères, de ses sœurs et de leurs familles. Il décida d'émigrer de Pologne en Israël. Ainsi passa-t-il plusieurs mois dans un camp de réfugiés à Bari, en Italie, où il travailla pour l'UNRRA[1].

---

1. L'UNRRA (United Nations Relief and Rehabilitation Administration /Administration des Nations unies pour les secours et la reconstruction) fut créée lors de la conférence qui se tint à la Maison-Blanche, le 9 novembre

Le bateau qu'il prit ensuite pour rejoindre Israël fut arraisonné par les Anglais et empêché de rejoindre *Eretz Israel*. Les passagers furent détenus dans un camp à Chypre où Yaacov rencontra Hannah Viner, qui allait devenir sa femme. Neuf mois plus tard, il fut envoyé au camp de réfugiés d'Atlit où il resta un moment avant d'obtenir un visa d'entrée pour *Eretz Israel*. En 1947, mon père épousa Hannah et je naquis en 1949 à Rishon Letzion, dans un État d'Israël indépendant. Je reçus le prénom de Zahava qui était celui de ma grand-mère paternelle Golda. Yaacov Laskier est mort en 1986, à Givataym.

1943. Quarante-quatre nations y furent représentées. L'UNRRA avait pour mission de fournir une assistance économique aux nations européennes après la Seconde Guerre mondiale, de rapatrier et d'aider les réfugiés qui passaient sous contrôle des Alliés. *(N.d.T.)*

Yaacov Laskier avait dressé la liste des membres de sa famille qui ont disparu au cours de l'Holocauste.

Golda Zisman-Laskier, ma mère

Dorka Laskier (Hempel), mon épouse ; Rutka et Joachim, nos enfants

Yehezkiel-Josef, mon frère et sa famille

Esther Laskier-Rodel, ma sœur et sa fille Lilly

Zila, ma sœur, et son époux Josef Abramson ainsi que leur fils Lipman

Yisrael, mon frère, et son épouse Sara (Parver) ainsi que leur fils Jehoshua

Gutsha Laskier-Rotner, ma sœur, et son fils

Mania, ma sœur, et son époux, le juriste Yitzhak Silberschatz, ainsi que leur fille

Emanuel (Muniak), mon frère, et son épouse Bronia (Oppenheim) ainsi que leur fils David

Efraim-Fishek, mon frère, et son épouse Sara (Fishel)

LES JUIFS ET LA POLOGNE
par Marek Halter

Rutka Laskier, jeune fille de quatorze ans.

Elle vit enfermée dans le ghetto de Będzin. Elle y travaille en usine. Levée à l'aube, froid, faim. Elle n'en parle pas beaucoup, mais de Janek, Mietek, Minda, Nina, Lolek et bien d'autres, à longueur de pages dans ce cahier, son journal, où elle note presque chaque jour, à sa fantaisie, ce qui lui plaît et ne lui plaît pas. Rien de mièvre, aucune posture.

Une nouvelle Anne Frank ? Pas vraiment. Rutka n'est pas une enfant cachée, elle n'espère rien. Elle sait. Elle sait qu'ils vont tous mourir, comme le savent ses copains avec qui elle se promène dans les rues du ghetto. Elle sait que sa mort porte le nom d'Auschwitz, Auschwitz dans la proche banlieue de Cracovie, une des deux grandes villes polonaises, non loin de Będzin. Elle sait tout des chambres à gaz. Chaque jour elle voit disparaître des familles entières et la mort violente infligée au hasard des rues, tel cet enfant au crâne fracassé, ce vieillard qui gît sur le sol.

Le 5 février 1943, elle écrit : « Mon Dieu, oh mon Dieu, que va-t-il nous arriver ? Rutka, tu as dû devenir complètement folle : tu en appelles à Dieu comme s'il existait ! [...] Si Dieu existait, il ne permettrait pas que l'on jette les gens vivants dans des fours [...] tout cela n'est rien tant qu'il n'est pas question d'Auschwitz [...] de la fin... Quand arrivera-t-elle ? »

Mais elle vit, s'accroche à l'existence dans ce ghetto qu'elle ne peut quitter. Elle lit des livres qu'on lui passe, *Julien l'Apostat* du russe Merejkovski, *Le Golem* de l'Autrichien G. Meyrink. Il lui arrive de décrire le paysage qui l'entoure, arbres noirs, ciel gris, la Czarna Przemsza, rivière gelée en hiver, le château fort du XIVe siècle. Mais ce qui l'occupe vraiment, c'est la sexualité. Le 6 février 1943, elle note dans son journal : « Il me semble qu'en moi la femme s'éveille, je veux dire qu'hier, tandis que j'étais allongée dans ma baignoire et que l'eau clapotait contre ma chair, j'ai eu envie que des mains me caressent... J'ignore ce que c'est, je n'avais jamais ressenti cela auparavant... » Elle se trouve plutôt belle.

Elle peste contre ces adultes qui ne comprennent rien aux amours adolescentes : trop réactionnaires pour reconnaître un « monde nouveau ». La communauté juive de Będzin passe pour être de gauche, d'où peut-être cette vivacité chez une gamine de quatorze ans. Mais elle a besoin d'être rassurée, de parler à quelqu'un, de se confesser. « Je me demande, écrit-elle, si les juives peuvent se confesser à un prêtre chrétien. Qui pourrait me le dire ? »

Cette fille au visage racé, au regard volontaire, intransigeant, s'adresse à Stanisława Sapińska, une jeune Polonaise de six ans son aînée. Elle lui confie qu'elle déposera son cahier d'écriture sous une marche de l'escalier de la maison où elle habite, qui appartient aux parents de Stanisława, mais a été réquisitionnée par les nazis en 1940 lors de la création du ghetto.

C'est ainsi que nous parvient aujourd'hui, soixante-cinq ans plus tard, le journal de Rutka Laskier. Stanisława l'a trouvé comme convenu après le départ de Rutka et l'a rangé dans un tiroir comme on range un collier, une bague, souvenir d'une amie à jamais perdue.

Rutka Laskier voit le jour à Będzin, une ville médiévale du XIVe siècle sur la rivière Czarna

Przemsza. Les premières traces d'une ville juive à Będzin datent du XVIIIe siècle, mais il est probable que des Juifs s'installent là dès la création du bourg. Comme dans toutes les villes du Moyen Âge, ils construisent la synagogue au pied du château fort. Dans la Silésie de l'époque, sur la route de Vienne, les marchands juifs allemands ou italiens passent nombreux à Będzin, ville cosmopolite. En 1765, on y dénombre 446 Juifs. Un siècle plus tard ils sont 2 440, plus de 58 % de la population.

Au début du XXe siècle, dans l'industrie chimique naissante, la plupart des ouvriers sont juifs. Le siège de leur syndicat se trouve tout naturellement à Będzin.

La présence d'un fort prolétariat juif transforme Będzin et ses environs en un bastion de partis de gauche, soit sionistes, soit socialistes. Le père de Rutka Laskier, Yaakov, émigre en Israël avec un groupe de jeunes gens et participe à la création du kibboutz Migdal, en Galilée, au bord du lac de Tibériade. Il y contracte le typhus et la malaria, revient à Będzin pour se faire soigner, rencontre Dorka Hampel, tombe amoureux, se marie. Rutka naît en 1929. Étrange destin, partir en Israël et revenir en Pologne y fonder une famille qui finira à Auschwitz !

Les nazis occupent Będzin le 4 septembre 1939. Ils brûlent la grande synagogue de la vieille ville. Cinquante maisons adjacentes disparaissent dans les flammes avec leurs habitants. Puis, c'est la création du ghetto. Malgré tout, jusqu'en 1940-1941, la situation des Juifs de Będzin pourrait sembler moins terrible qu'ailleurs. Comme pour s'approprier la ville, les nazis la baptisent Bendsburg. Ils y font venir les Juifs d'autres villes et villages, et parmi eux les Juifs d'Oświęcim, Auschwitz en allemand, où pour l'heure on leur fait construire le fameux camp de la mort qui accueillera ses premières victimes juives à partir de mai 1942.

Rutka a été déportée à Auschwitz en 1943. Elle périra un mois plus tard avec ses rêves.

Dans son fameux livre *La Destruction des Juifs d'Europe*, Raul Hilberg[1] cite un rapport sur la déportation des derniers Juifs de Będzin, au début du mois d'août 1943. Ils sont au nombre de 15 000. À l'arrivée, les nazis séparent les hommes

1. Raul Hilberg, *La Destruction des Juifs d'Europe*, Gallimard, 2006.

des femmes et amènent ces dernières en camion directement à la chambre à gaz. « Avant de pénétrer dans la chambre à gaz, les condamnés prenaient un bain. Il y avait trois crématoriums à Birkenau qui pouvaient brûler dix mille personnes par jour. On procédait sur les filles juives à des expériences d'insémination artificielle et de stérilisation. »

Soixante-cinq ans après, Stanisława Sapińska, évoquant l'occupation nazie devant son neveu Marek, retire le cahier de Rutka Laskier du tiroir et le lui montre. Marek est un garçon d'aujourd'hui. Il sait ce que ce journal signifie. Il a vu, j'imagine, le film *Shoah* de Claude Lanzmann, il a participé à des débats et harcèle sa tante jusqu'à ce qu'elle présente le journal de Rutka Laskier au monde.

Le texte est publié par Yad Vachem en 2007. Ce témoignage-là nous surprend soixante-cinq ans après la Shoah, tel un cri retenu ou bloqué dans la gorge de l'Histoire. Le père de Rutka, qui a survécu, ignorait l'existence du journal. Il est mort en Israël en 1986.

Comment se fait-il que Stanisława Sapińska ait rangé le cahier de son amie Rutka sans en parler à quiconque soixante-cinq ans durant ? N'a-t-elle pas compris qu'il s'agissait de la dernière lettre d'un condamné ? N'a-t-elle pas pensé que la famille, ou ce qu'il en restait, aurait souhaité y avoir accès ? A-t-elle même cherché à savoir si quelque parent de Rutka avait survécu ? Apparemment non.

Les rapports de Stanisława et de Rutka disent à eux seuls la relation complexe qu'entretiennent à de rares exceptions près les Polonais avec les Juifs polonais. Indifférence ? Haine ? Honte ? Donc censure. Pour le régime communiste, il n'y avait pas de Juifs à Auschwitz, seulement des Polonais. Vivants, les Polonais juifs sont juifs avant tout. C'est-à-dire en marge, extérieurs, comme en exode. Morts, en revanche, ils sont prié d'être polonais et d'incarner la souffrance nationale.

Je suis né en Pologne, mes parents sont nés en Pologne et mes grands-parents, arrière-grands-parents et ainsi de suite, de génération en génération. Aussi lorsque Leonello Brandolini, mon éditeur, m'a proposé de commenter le journal de Rutka Laskier, j'ai aussitôt accepté. La Pologne fait partie de mon histoire et nous, Juifs polonais, nous faisons partie de l'histoire de la Pologne depuis dix siècles.

Varsovie sur la Vistule, où je suis né, était avant la guerre une ville d'un million d'habitants dont presque un sur deux était juif. Les Juifs y possédaient leurs restaurants et leurs journaux, leurs cinémas et leurs théâtres, leurs pauvres et leurs riches, leurs voleurs et leurs mendiants, leurs partis politiques, leur langue – le yiddish, ma langue maternelle. Parfois, ma mère m'emmenait passer quelques jours chez un oncle par alliance. Le village où il demeurait, près de Varsovie, s'appelait Grodzisk et ressemblait sans doute au Będzin de Rutka Laskier. Les gens vivaient accrochés à l'air du temps, les rues sentaient bon le pain frais et le hareng salé. Sur la place, les hommes commentaient à grands gestes l'événement du jour. Les femmes, des fichus colorés cachant leurs cheveux, lavaient le linge dans des cours étroites où jouaient des enfants en bas âge. Dehors, les adolescents se poursuivaient en riant, les papillotes dansant au rythme de leur course Dans la bousculade du marché, les appels des vendeurs de journaux, les piaillements des volailles, je me rappelle ce vieux Juif bossu qui attendait depuis toujours un client pour ses trois tomates ratatinées.

Ce monde-là, vivant et chaleureux, avec ses mœurs et ses prières, sa culture et ses lois, ce monde-là n'existe plus. Or ce monde, Rutka

Laskier ne le décrit pas. Elle ne décrit pas non plus la vie des Juifs de Będzin avant la guerre, ni celle des Juifs de Pologne. Ce n'est pas son propos. Elle commence son journal au mois de janvier 1943, il prend fin au mois d'avril de la même année, peu avant la destruction du ghetto. À cette époque, le journal de Rutka en témoigne, les Juifs de Pologne n'ignoraient pas leur destin.

On est submergé de questions. Toujours les mêmes. Pourquoi les Juifs de Pologne n'ont-ils pas quitté le pays à l'approche de l'armée allemande ? Avaient-ils tant confiance en la solidarité polonaise ? Pourquoi ne se sont-ils pas révoltés ? Certains ont essayé. On connaît à Będzin une section de l'Organisation juive de combat (Żydowska Organizacja Bojowa) dirigée de Varsovie par Mordechaï Anielewicz. Malgré le courage de quelques-uns, ce groupe n'a pas réussi à soulever les Juifs de Będzin et des environs, comme l'a fait le même Mordechaï Anielewicz à Varsovie, au mois d'avril 1943, et comme l'a fait Frumka Plotniska, de Będzin, à Auschwitz. Mais toutes ces révoltes éclatent trop tard : presque tous les Juifs polonais sont morts assassinés.

Hannah Arendt, parmi d'autres, s'est posé la question, accusant l'éducation religieuse juive.

Celle-là, déconnectant la jeunesse de la réalité, expliquerait leur incompréhension et leur passivité. Les réponses d'Hannah Arendt me paraissent insuffisantes. Elle connaissait bien les Juifs allemands, pour la plupart assimilés, mais mal ce peuple juif d'Europe centrale que Stefan Zweig[1] découvre et décrit dans *Le Monde d'hier.* Peuple étrange, le seul à s'arrimer ainsi à un livre, en croyant jusqu'au bout que celui-ci le protégera de la noyade en dépit de la tempête imminente.

Un soir, tout de suite après la guerre, je marchais dans la nuit avec mon père, Varsovie était vide. Nous étions maigres, nous avions faim. Soudain, une bande de voyous nous entoura. Ils voulaient de l'argent. Mon père n'en avait pas… « Alors, sale Juif, tu vis dans notre ville et tu n'as même pas de fric ? » Mon père reçut un coup de tête dans la mâchoire. Il se mit à saigner et la bande se dispersa en riant.

J'en ai longtemps voulu à mon père de n'avoir pas réagi, de ne pas s'être battu. Il cessa d'être pour moi l'autorité que l'on respecte, que l'on craint et que l'on aime. Pourtant, je n'étais pas

1. *Le Monde d'hier, souvenirs d'un Européen*, Le Livre de poche.

fier de moi : chaque fois qu'il souriait, la bouche légèrement pincée d'un côté à la suite du coup qu'il avait reçu, je m'accusais aussi de ne pas l'avoir défendu.

Je compris bien plus tard que l'attitude de mon père était l'expression d'une culture. En Pologne avant la guerre, quand un prince, traversant à cheval un village qui lui appartenait, se permettait de cravacher un Juif, celui-ci ne se révoltait jamais. Tout juste, regardant le prince avec condescendance, disait-il : « Pauvre homme... » Et il avait sincèrement pitié de celui qui devait à la cravache d'affirmer son pouvoir. Le seul pouvoir digne d'admiration était celui de l'esprit. Ces Juifs des campagnes ou des villes prioritairement attachés à l'étude de la Bible, du Talmud, avides de savoir, ignoraient, dédaignaient la violence. C'est là sans doute une des raisons pour lesquelles les Juifs de Będzin ne se soulevèrent pas et la révolte du ghetto de Varsovie éclata si tardivement. Plus : elle naquit d'abord chez des jeunes gens engagés ailleurs, qui voulaient révolutionner la société en général et la société juive en particulier : les sionistes, les socialistes bundistes et les communistes.

Stanisława Sapińska croit savoir que Rutka

faisait partie d'un réseau de résistance. Rutka, elle, n'en parle pas. Pourquoi Stanisława dit-elle cela ? Comme Hannah Arendt et tant d'autres, sans doute pense-t-elle que seule la résistance armée, aussi modeste soit-elle, serait de nature à sauver l'honneur de six millions de Juifs qui se seraient lâchement laissé assassiner.

Comme pour appuyer cette thèse, le Bulletin d'informations de l'AK (Armia Krajowa), Armée de l'intérieur qui représentait la résistance polonaise, publia le 29 avril 1943 l'éditorial suivant : « Les citoyens polonais qui luttent derrière les murs du ghetto sont désormais plus proches et mieux compris de la population de la capitale que ces victimes gagnées par la passivité et la soumission qui se laissèrent traîner à la mort… »

Dans un monde depuis toujours convaincu que la violence appelle la violence, où l'on chante les louanges de Bar-Kochba, de Spartacus, de Jeanne d'Arc, de Garibaldi ou de Kościuszko, seule la révolte armée donne au vaincu sa fierté et son prestige. Aussi a-t-on à peu près passé sous silence une autre forme de résistance développée par les Juifs tout au long de leur histoire et qui, pour être plus complexe et moins spectaculaire, commandée par leur éthique et imposée par leur situation de peuple dispersé, n'en fut pas moins efficace : elle leur aura permis de survivre à toutes les persécutions et à tous les exils. C'est une forme de résistance dont Bernanos, admiratif bien qu'antisémite, disait qu'elle consiste à tenir et à durer.

Lorsque, le 2 octobre 1940, le gouverneur nazi Ludwig Fischer décréta la création du ghetto à Varsovie, les Juifs entreprirent immédiatement d'organiser un prodigieux réseau d'entraide médicale, sociale et culturelle. Tel fut le souci immédiat : rendre moins pénible la vie de 500 000 hommes, femmes et enfants entassés dans un quartier de la ville prévu pour accueillir 80 000 habitants.

Ghetto : périmètre d'une ville coupée du monde, sorte de léproserie dont les malades sont isolés en raison de leur appartenance au peuple juif. Cette idée est née un jour de l'an 1516 dans la cervelle d'un doge de Venise. À Varsovie, en 1940, le ghetto devint l'un des plus grands « cimetières de vivants », réservé à un peuple condamné à disparaître. D'où la curiosité anthropologique qui incita de nombreux nazis à visiter le ghetto, dans un vaste mouvement touristique. Des soldats et des officiers munis d'appareils photographiques venaient, souvent en compagnie de leur famille, voir vivre les « sous-hommes ».

Devant tant de cynisme et de bêtise, les Juifs ne se découragèrent pas. Ils entrèrent dans ce que j'appellerai la première phase de la résistance. Celle de la parole. On put voir des groupuscules de langue allemande aller au-devant des bourreaux et leur parler. Peut-on imaginer la dose de courage et de dévouement nécessaire à pareil exercice ? Opposer le verbe à la violence. C'était là leur calcul, leur espoir.

Six mois plus tard, Himmler, par décret spécial, interdisait aux soldats allemands de pénétrer dans le ghetto. Faute d'interlocuteurs, les Juifs passèrent alors à la seconde phase de la résistance : le témoignage. L'historien Emmanuel Ringelblum[1] raconte dans son Journal que, malgré la faim qui les taraudait et se sachant condamnés, ses compagnons de malheur trouvèrent assez de force pour rassembler tous les documents qui circulaient dans le ghetto : ils les lui remettaient afin que l'histoire continue à s'écrire, que le mal de l'histoire ne soit pas effacé par l'histoire.

Cette détermination à rompre en silence le

1. *Chroniques du ghetto de Varsovie*, Payot-Rivages.

silence qui leur était imposé témoigne d'une rare audace et d'une non moins rare intelligence, de la conscience aiguë qu'avaient ces hommes et ces femmes de leur responsabilité face aux générations futures. Enfin, lorsque les collaborateurs d'Emmanuel Ringelblum auxquels on doit une documentation irremplaçable sur la vie quotidienne du ghetto furent déportés à leur tour, Ringelblum lui-même dut se réfugier hors du ghetto et les derniers survivants finirent par prendre les armes. Survivants rejoints par l'historien le 18 avril 1943. Sans joie. *B'eïn Breïra,* par manque de choix, comme on dit en hébreu, montrant ainsi au monde, s'il en doutait, que les Juifs étaient, comme tous les hommes, capables de tuer.

La révolte du ghetto de Varsovie marquait la troisième et dernière phase de la résistance juive contre les nazis.

Cette résistance à trois paliers, le troisième, la violence, n'étant accessible qu'après avoir franchi les deux premiers, reste pour moi la plus prodigieuse, la plus bouleversante et la plus morale des leçons.

Le ghetto de Varsovie demeure sans doute le symbole de la révolte juive armée contre le nazisme, mais il est avant tout le symbole de la résistance juive à l'oppression, à la persécution et à la mort, telle que des générations l'ont conçue et pratiquée tout au long des siècles.

La Pologne donc. La Pologne est née bien tard par rapport aux autres pays européens, au Xe siècle, en 966. C'est l'Église qui, ayant converti les diverses tribus slaves polythéistes au catholicisme, les incita ensuite à s'unir et à proclamer un royaume autour de la tribu la plus puissante, les Polanes. D'après les témoignages des voyageurs, marchands et géographes, lors de la naissance du royaume polonais, il existait déjà des communautés juives dans ces territoires. Ibrahim ibn Ya'qub, l'envoyé du rabbin Hasdaï ibn Shaprut, chef de la communauté juive de Cordoue et conseiller du khalife Abdul Rahman, dans un bref extrait de son récit de voyage, dit avoir rencontré des Juifs en ce qui était alors la Pologne et qu'il appelait le Royaume du Nord, « le plus étendu des pays slaves ». Cette présence est attestée également par les tout premiers mythes associés à la formation de l'État polonais. Une légende rapporte que lorsque les diverses tribus slaves décidèrent de se choisir un roi, leur choix se porta sur un marchand juif très respecté dans la région et qui parlait plusieurs langues, Abraham Prochownik. Celui-ci eut l'intelligence de se désister en faveur d'un paysan indigène, Piast, fondateur d'une dynastie au sein de laquelle les Polonais choisiront, durant plusieurs décennies, leur roi.

Le premier dirigeant polonais issu de la famille de Piast s'appelait Mieszko Ier. Son fils le duc Boleslaw Ier, devenu en 1024 le premier roi de Pologne, avait lancé un appel aux Juifs d'Europe les invitant à venir s'installer dans son royaume. Appel adressé aux Juifs et aux Allemands. La Pologne d'alors était principalement habitée par des agriculteurs et des pasteurs, plutôt primitifs. Il n'existait aucun bourg notable, le pays ne connaissait pas l'artisanat, il n'avait pas d'économie organisée, encore moins d'industrie. S'il voulait vivre, il lui fallait d'urgence des hommes entreprenants, connaissant le monde, le système bancaire et les métiers nécessaires à son développement.

C'est à cette époque que le pape Urbain prêcha à Clermont la première croisade. Les croisés, entraînés par Pierre l'Ermite, au lieu d'emprunter la voie de la mer – la plus courte – pour se rendre à Jérusalem et « délivrer le tombeau du Christ des mains des infidèles », prennent un chemin tortueux et traversent l'Alsace et la Lorraine, l'Allemagne, l'Autriche et la Hongrie pour assiéger enfin les Sarrasins à Constantinople. En route, ne rencontrant aucune trace des infidèles musulmans, ils massacrent les Juifs, brûlent leurs livres et leurs synagogues. L'appel du roi Boleslaw tombe à pic. On comprend mieux les raisons qui poussent des milliers et des milliers de Juifs d'Alsace et d'Allemagne à prendre le chemin de l'Est.

En même temps, le royaume des Khazars succombe à la révolte des tribus du nord, les Varègues, parmi lesquelles les Scandinaves du sud de la Baltique que les Finnois appelaient les Rus. Ce royaume qui a dominé pendant trois siècles toute la partie européenne de la Russie d'aujourd'hui, de la frontière polonaise aux steppes mongoles, s'était, au VIIIe siècle, converti au judaïsme. L'écrivain arabe Ibn an-Nadim raconte qu'au Xe siècle, en suivant les berges de la Volga, il découvrit les Khazars et constata qu'ils « employaient l'écriture hébraïque ».

Ainsi, au moment où le fils de Mieszko, Boleslaw Ier, lance un appel aux Juifs et les invite dans son royaume, les Khazars, pourchassés par les guerriers rus de Swiatoslaw se joignent aux Juifs venus d'Allemagne, d'Alsace ou des Balkans pour poser les fondations d'une communauté qui, au XVIe siècle, surpassera par la densité de sa population et par sa puissance économique et culturelle toutes les communautés juives à travers le monde. Relayant sur ce terrain la communauté espagnole (sépharade), après l'expulsion des Juifs d'Espagne en 1492 par Isabelle la Catholique.

L'accueil réservé à ces deux flux migratoires est si généreux que les nouveaux arrivants traduisent le nom de leur nouvelle patrie, Polin, par deux mots hébreux, *po-lin*, signifiant : *Ici tu te reposeras.* Dans certains textes hébraïques de l'époque la Pologne est aussi nommée « Canaan », en souvenir de la Terre promise.

Un nombre impressionnant de régions et de villages polonais de cette époque portent un nom à consonance juive, ce qui atteste mieux que des documents presque inexistants la présence massive des Juifs dans ce jeune royaume. Exemple : Zydowo et Zydówka (*Zyd*, « Juif » en polonais) dans les environs de Gniezno et Kalisz en 1203 et 1211 respectivement. Ou encore

Kozari et Kozarow, villages khazars, répertoriés à la fin du XIIe siècle à l'ouest du royaume.

Quel était le pourcentage des Juifs dans la Pologne des rois Mieszko II et Mieszko III, aux XIe et XIIe siècles ? Difficile de le dire avec exactitude. En revanche, on peut juger de leur impact sur la vie économique de l'époque par le nombre de pièces de monnaie portant des inscriptions hébraïques, bizarrement frappées sur une seule face, à l'effigie de « Mieszko, roi de Pologne ». Apparemment peu familiarisés avec les alphabets glagolitique ou slavon occidental, les directeurs de la Monnaie, juifs pour la plupart, utilisaient les caractères hébraïques. Ces pièces existent encore en de si nombreux spécimens que l'on ne peut les considérer comme de simples curiosités.

De toute évidence, les Juifs jouissent d'une large liberté d'action. Ils apparaissent dans la littérature dès le XIIe siècle. Il s'agit de textes anonymes en polonais et en hébreu qui se répandent en France et en Allemagne. Dans ses Mémoires, le rabbin Yehuda ha-Cohen (1028-1070) évoque la capture de Juifs par les Russes dans le bourg de Przemyśl. Ces Mémoires attestent par ailleurs la présence d'une communauté juive en Russie même. Eliezer bar Nathan, un autre rabbin voyageur, visite la Pologne, « la terre de Canaan », au XIIe siècle et décrit en détail les coutumes des Juifs de cette partie d'Europe orientale. Un voyageur sicilien, le géographe Abu Abd Isah Mahammad al-Idris, écrit en 1154 : « En Pologne, les villes sont florissantes et leurs populations nombreuses. Parmi ces villes, il y a Cracovie. C'est une cité riche et belle. Les habitants juifs y sont nombreux. Ils possèdent des marchés, des vignes et des jardins. »

Chaque fois que les Juifs sont persécutés en Europe occidentale, la communauté s'agrandit en Pologne et en Lituanie. Cette migration atteint son point culminant après que dans le duché de Savoie, à Chambéry en 1348, à l'époque de la grande peste, on accuse les Juifs d'empoisonner les puits. On les condamne à être brûlés vifs, beaucoup prennent la fuite en direction de la Pologne, toujours disposée à les accueillir. De nouvelles communautés apparaissent alors dans plusieurs villages, de Silésie jusqu'à Wroclaw. Au XVIe siècle, ce sont les Lituaniens qui font appel aux Juifs pour leurs compétences dans l'artisanat, le fermage, l'orfèvrerie et le commerce de l'argent.

Durant plusieurs générations, la Pologne attire des populations juives d'Italie, de Bohême-

Moravie, de Bavière, d'Espagne – une colonie sépharade s'installe à Lwow – et de Crimée. Avec l'unification de la Pologne et de la Lituanie, le territoire polonais s'agrandit considérablement, au point de devenir le pays le plus vaste d'Europe après la Russie. On évalue sa population à environ 7,5 millions d'individus. La Russie à la même époque compte 18,3 millions d'habitants, la France 17,2 millions, l'Allemagne 14,6 millions, l'Italie 12,00 millions, l'Espagne 8 millions, l'Angleterre 6,3 millions.

La communauté juive augmente elle aussi. Elle compte alors plus de 300 000 individus qui représentent un peu plus de 4 % de la population. Les commerçants et marchands juifs deviennent exportateurs, financiers, banquiers et, pour les moins favorisés, fermiers, artisans, ouvriers. Parallèlement se constitue une élite culturelle, religieuse mais aussi laïque.

Comment cette minorité juive a-t-elle pu accéder à de si grandes responsabilités économiques au sein de la société polonaise ? En Pologne comme ailleurs, la classe possédante est l'aristocratie guerrière et terrienne. Des chevaliers, la *Szlachta* en polonais, guerroient un peu partout en Europe et jusqu'au Proche-Orient pour leurs bonnes causes. Autour de leurs exploits se développent, comme en France, une littérature et une poétique en polonais. Mais à la différence de la France, le roi en Pologne n'est pas d'autorité divine. Il est élu. Régulièrement, la *Szlachta* se réunit pour élire un roi. Entre-temps, absente du pays, elle loue ses monopoles, terres, fermages, distillation et commerces d'alcool aux Juifs. Du coup, beaucoup de Juifs quittent les villes pour s'installer dans les villages où ils ouvrent des débits d'alcool : les *Karczma*.

La juridiction autorise les Juifs à exercer le commerce librement. Ils peuvent voyager sans contrainte. On les surnomme parfois « esclaves du trésor », parce qu'ils sont souvent receveurs d'impôts et de douanes. Leur immunité est telle que le meurtre d'un receveur d'impôts est passible d'une peine supérieure à celle du meurtre d'un chevalier. La liberté de culte est totale. Ces avantages provoquent la colère de l'Église. Elle juge exorbitants ces droits qui contredisent « les principes de la foi chrétienne ». La noblesse, elle, par intérêt ou par amitié, soutient les Juifs contre l'Église.

Les Juifs ont certes pris une part active à l'évolution économique et culturelle de la Pologne ; ils ne sont pas les seuls : les Allemands, les Italiens et les Écossais furent eux aussi attirés par ce pays en plein essor. Ceux-là, pour la plupart chrétiens, s'assimilèrent. Les Juifs, eux, fidèles à leur religion, tradition, culture et langue, s'ils s'intégraient, ne s'assimilaient pas. Aussi, malgré le soutien dont ils bénéficiaient, l'Église réussit à les refouler, à les assigner dans des quartiers ou des rues à part, « pour protéger la population chrétienne ». Dans ces quartiers réservés aux Juifs, se forgea une solidarité de destin qui permit la conservation du groupe.

Le philosophe Salomon Maïmon, disciple de Kant, écrit dans ses Mémoires que : « il n'existe probablement aucun autre pays que la Pologne où la liberté de culte soit aussi répandue que la haine religieuse. Les Juifs y jouissaient d'une totale liberté de croyance et de toutes les libertés civiles. Ils possédaient même leur propre juridiction. En revanche, le seul nom de Juif constituait une abomination ».

Comment saurais-je quelles langues parlaient mes ancêtres en cette ancienne Pologne ? Le polonais, certainement, afin de communiquer avec la population environnante. L'hébreu aussi, c'est probable. Les inscriptions sur les monnaies en témoignent. Attachés à la tradition – les synagogues étaient nombreuses à l'époque en Pologne –, les Juifs connaissent les prières dans le texte. Et le yiddish, ma langue maternelle ?

Ils le parlaient sans conteste. Le yiddish était le ciment qui maintenait alors l'édifice du judaïsme. Cependant, devenu l'unique moyen de communication de millions d'individus vivant sur le sol polonais, cette langue, à son insu, éleva une barrière entre Polonais et Juifs, les séparant plus sûrement encore que l'antisémitisme ambiant entretenu par l'Église.

Intrigués par le yiddish, certains intellectuels catholiques n'hésitèrent pas à l'apprendre. Alexander Hertz en parle dans son livre *Zydzi w kulturze polskiej*[1] (Les Juifs dans la culture polonaise). Des personnages juifs envahissent alors la littérature polonaise. Positif ou négatif, ils y jouent un rôle essentiel, comme chez Eliza Orzeszkowa dans ses fameux romans *Elie Makower*[2] et *Meir Ezofowicz*[3], chez Maria Konop-

---

1. Hertz Alexander, *Zydzi w kulturze polskiej*, Oficyna Wydawnicza Margines, 1987.

2. Orzeszkowa Eliza, *Elie Makower*, 1875.

3. Orzeszkowa Eliza, *Meir Ezofowicz*, Zielona Sowa,

nicka dans *Mendel Gdanski*[1], ou encore chez les classiques Bolesław Prus[2] et Henryk Sienkiewicz[3], l'auteur du best-seller de l'époque *Quo Vadis ?* et prix Nobel de littérature. Quant aux hommes politiques polonais, ils étaient bien souvent contraints de le parler s'ils voulaient se faire comprendre d'une population qui, par endroits, faisait la majorité dans les élections. Plus tard, dans l'industrie, il se révéla difficile de gagner une grève sans la participation des syndicats juifs. Or les ouvriers juifs, pour la plupart, ne parlaient

---

1878. Traduit en français : *Meïr Ezofowicz*, Robert Laffont, 1999.

1. Konopnicka Maria, *Mendel Gdanski*, 1889.

2. Bolesław Prus (1847-1912) est un écrivain et journaliste polonais. D'abord représentant du positivisme polonais, il devint plus tard réaliste. Les plus grandes œuvres de Prus – « La poupée » (*Lalka*) et « Pharaon » (*Faraon*) – eurent un grand succès et Prus fut candidat au prix Nobel de la paix.

3. Henryk Sienkiewicz (1846-1916) est un écrivain polonais. En 1885, il commence à publier en feuilleton le fameux *Quo vadis ?* dans la *Gazeta Polska*, journal pour lequel il avait travaillé plus jeune en tant que journaliste. *Quo vadis ?* vaudra à Sienkiewicz de recevoir en 1905 le prix Nobel de littérature.

que le yiddish, langue quasi universelle parmi les Juifs d'Europe centrale à partir du XIIIe siècle.

On débat encore sur les origines du yiddish. Si son lieu de naissance est à peu près connu, en revanche, on situe mal la date de son apparition. Le yiddish aurait vu le jour dans les vallées du Rhin et du Main. Certains historiens pensent que ce fut au XIIIe siècle. En tout cas, la première manifestation écrite du yiddish de nous connue fut découverte à Worms, en 1272, dans les marges d'un *mahzor*, un livre de prières.

À cette époque, selon les historiens, les Juifs qui habitent dans les régions correspondant aujourd'hui à la France et l'Italie commencent à se déplacer vers l'actuelle Allemagne. Ils y rencontrent des populations qui s'expriment dans un allemand médiéval. Les nouveaux arrivants parlent le français ou l'italien et un peu l'hébreu, ne serait-ce que pour pouvoir dire les prières. De cette rencontre entre le *mittelhochdeutsch* et l'hébreu se structure, à travers le temps, un dialecte qui finit par prendre l'envergure d'une langue : le yiddish.

Pour ma part, je placerais la naissance du yiddish quelques siècles plus tôt, à l'époque de l'Empire romain, vers le IVe siècle. Des Juifs, citoyens romains, obtiennent alors le droit de s'établir sur les grands axes marchands le long du Rhin, à Mayence, Worms, Cologne et Spire, sur le Danube à Ratisbonne et sur l'Elbe à Magdebourg. Dans ces régions, ils vivent principalement du commerce. C'est ainsi qu'ils arrivent jusqu'aux rives de la Vistule.

Le long du Rhin, les gens parlent le germain. Le germain de l'époque devient tout naturellement la langue des Juifs. Elle est cependant chez eux truffée d'hébraïsmes empruntés à la Bible. Face à l'hostilité croissante de la population locale et pour communiquer entre eux, souvent pour prévenir leurs coreligionnaires d'un danger immédiat, les Juifs transforment progressivement le germain, restructuré selon la grammaire hébraïque et mêlé aux mots slaves appris lors de leurs voyages sur la terre des Polanes.

Si la plupart des langues du monde sont nées de la nécessité des hommes de communiquer, le yiddish, lui, est né de la nécessité de se protéger. Le yiddish est une langue de résistance. Résistance à l'hostilité des peuples environnants qui tolèrent les Juifs mais ne les acceptent pas. Très vite, tous les Juifs d'Allemagne (ashkénazes) reprennent le yiddish, langue qui leur permet de régler les problèmes quotidiens et de négocier entre eux.

Ils continuent en revanche à enseigner en hébreu dans de fameuses *yechivot* que des rabbins non moins fameux dirigent aux quatre coins du pays. On y apprend la Bible et les commentaires, mais aussi, selon le chroniqueur et géographe polonais Maciej Miechowicz, « les sciences, les arts, l'astronomie et la médecine ».

D'où le proverbe yiddish : « L'hébreu on le parle, le yiddish se parle. »

Les livres, les Juifs polonais les font venir d'Italie, de Soncino et de Venise, où des imprimeries juives se sont installées à la fin du XVe siècle. Un siècle plus tard, grâce aux imprimeurs venus de Vérone, une imprimerie s'ouvre à Lublin. C'étaient mes ancêtres.

Or, si les femmes juives parlent le yiddish, elles ne connaissent pas l'hébreu, les *yechivot* leur étant fermées. Elles n'ont pas non plus accès aux livres, donc à la connaissance. Le yiddish devient, pour elles aussi, la langue de résistance qu'elles utilisent pour s'opposer aux hommes qui les maintiennent dans l'ignorance.

L'histoire de Dulcie, au XIIIe siècle à Worms, est exemplaire de la manière dont les femmes usèrent du yiddish pour s'affirmer. Cette mère de deux enfants organise un groupe de femmes instruites, les *Firzogerin* (interprètes). Dans la synagogue, celles-ci traduisent les prières hébraïques en yiddish afin que toutes les femmes qui n'ont pas droit à l'instruction les comprennent. Selon les témoins, Dulcie finit par enjoliver les prières et même à en inventer de nouvelles. Là, par exemple, où les textes traditionnels se réfèrent aux patriarches Abraham, Isaac et Jacob, elle se tourne vers les grandes figures féminines de la Bible, Sarah, Rachel, Rebecca et Léa.

Les Croisés ont tué Dulcie en 1213. Mais les siens honorèrent sa mémoire comme « celle qui chantait les hymnes et les prières et récitait les supplications ».

Le yiddish enfin, langue des ouvriers juifs, devient aussi le moyen pour eux d'obtenir pour leur syndicat une autonomie au sein de la Ire et de la IIe Internationale socialiste.

Aux XIVe et XVIe siècles se développe une riche littérature populaire yiddish constituée de *Hilsbicher*, des livres destinés à commenter et à comprendre les textes bibliques, et de *Mayssebi-*

cher, récits et légendes, qu'on lisait en famille pendant les veillées de shabbat.

Le yiddish emprunte l'alphabet hébraïque, il s'écrit de droite à gauche. Il est composé d'environ 20 % de mots hébreux et de 60 % de mots allemands, sans parler d'autres apports, surtout slaves.

La Renaissance a encouragé la redécouverte de la culture grecque ; elle manifesta aussi de l'intérêt pour la culture juive. Le pape Clément VII parlait l'hébreu et lisait la Kabbale dans le texte. Le clergé et l'intelligentsia polonais ont suivi l'exemple. À l'université de Cracovie, célèbre par les noms de Nicolas Copernic et Martin Krol, il n'était pas rare que l'on organisât des débats avec des érudits juifs.

À l'époque, un scribe juif de Wrocław rédige à l'attention des autorités une adresse en polonais et en yiddish : « Notre Seigneur de Pologne, Monseigneur … je, soussigné Jekithuel, certifie apposer ma signature et mon sceau (Juif) en pleine connaissance de cause. Fait à Wrocław, le 1er lundi du mois de Nissan, du calendrier juif de l'an 5195 de la création de toutes les créatures, Dieu excepté. »

Avec les Juifs, la Pologne se développe et double le nombre de ses habitants dans les grandes bourgades, transformées, grâce aussi aux immigrés allemands, en vraies villes. Cracovie, qui comptait 11 000 habitants au début du XIVe siècle, devient une ville de 28 000 personnes. À la même époque, Gdansk revendique 40 000 âmes. Parmi ces nouveaux citadins, on trouve les enfants de ces paysans polonais qui avec le temps se sont enrichis. Ils représentent le premier exode rural de l'histoire de la Pologne. C'est à partir de ce moment que l'on assiste à l'émergence d'une nouvelle caste de marchands, de commerçants et de financiers polonais. Leurs enfants fréquentent l'université. Et là comme ailleurs, partout ils rencontrent des Juifs, qu'ils considèrent comme des étrangers, des immigrés.

À l'hostilité religieuse s'ajoute alors une opposition économique, un sentiment de concurrence. Même si les Juifs restent grossistes, spécialistes de l'import-export, dans les métiers de l'artisanat et en dépit des quasi-monopoles dont ils jouissent sur les boissons alcoolisées, ils commencent à perdre du terrain, mais bénéficient encore de la protection du roi et de la noblesse. On a souvent expliqué cette protection par l'amour que ces derniers portaient aux femmes juives qui, de tous temps, ont excité les fantasmes des mâles polonais. On se plaisait à donner en exemple les amours du roi Casimir le Grand (1333-1370) avec la belle Esther d'Opoczno.

Au XVIIe siècle, par leur nombre, les Juifs sont indispensables. En pleine révolution économique, le servage permet aux grands féodaux polonais et aux financiers juifs d'utiliser les paysans à leur guise dans l'industrie naissante comme dans les grandes forges. L'antisémitisme se renforce en même temps : « La Pologne est un corps malade, écrit S. Sleszkowski, médecin et botaniste polonais, très populaire à l'époque. La racine du mal réside dans le fait que les Juifs n'aiment pas la Pologne et qu'ils cherchent seulement à s'y enrichir. »

Autrichiens, Prussiens et Russes se partagent pour la première fois la Pologne en 1772. Chacun annexe une partie de son territoire ne laissant à cette Pologne diminuée qu'une superficie de 520 000 kilomètres carrés.

Grâce à la Révolution française et à l'influence de ses idées, l'isolement des Juifs recule en Pologne. Sous le règne du roi Stanislas Auguste Poniatowski, le pouvoir reconnaît les Juifs comme partie intégrante de la Pologne. On leur ouvre les portes avec l'espoir de les voir s'assimiler.

En 1791, malgré l'amputation d'une grande partie de son territoire, la Pologne compte encore 9 millions d'individus. La population urbaine représente alors 1,3 million de personnes, dont un tiers est juif.

En 1793, pour contrer les idées révolutionnaires venues de France et qui s'infiltrent jusqu'à la cour royale, la Russie suscite un nouveau partage, réduisant encore la Pologne de moitié. Cette nouvelle agression déclenche une insurrection nationale. Ce fut le 24 mars 1794. *La Marseillaise* chantée en polonais devient le chant patriotique.

La situation change du tout au tout au XIXᵉ siècle. Dans les années 1863-1864, le tsar écrase une nouvelle et dernière insurrection polonaise à laquelle les Juifs participent massivement. Dans la foulée, les Russes affranchissent définitivement les paysans. C'est la fin de la Pologne dominée par la noblesse, et la naissance de la nouvelle classe des capitalistes polonais. Les rapports entre les Polonais et les Juifs s'en trouvent compliqués. Parmi les Juifs, certains, les « progressistes », ne voient de solution que dans l'assimilation, les nationalistes dans le départ pour la Palestine et les révolutionnaires dans la révolution. C'est dans cette dernière mouvance qu'est née Rosa Luxemburg.

En réalité, sauf une petite minorité qui essaie de s'affranchir de la tradition, la majorité des Juifs se replie alors dans ses quartiers et dans sa langue. Cela dit, il ne faut pas confondre les quartiers juifs avec le ghetto ! Les Juifs continuent à jouer un rôle important sur le plan économique et participent à la vie culturelle de la Pologne. Un quotidien de Varsovie d'alors, *Gazeta Warszawska*, remarque que « lorsque les Juifs ne viennent pas à un concert, la salle reste désespérément vide ».

Tant que la situation du pays reste stable, les Polonais considèrent les Juifs comme des compatriotes. Mais au début du XXe une crise économique grave secoue la Pologne. Aussitôt, les incidents antisémites se multiplient. Les courants nationalistes accusent les Juifs d'être responsables de la crise. À Kielce, à Wilno, à Varsovie, le Front chrétien des affaires organise le boycottage des boutiques juives. Il réclame que l'on limite le nombre des étudiants juifs à l'université, appel entendu et qui aboutit à un *numerus clausus* de 11 %.

Après l'arrivée d'Hitler au pouvoir, la minorité allemande de Pologne appuie le chancelier et finance les groupes fascistes polonais. À partir de juin 1934, la campagne antisémite reçoit l'aval de la hiérarchie catholique par la voix de l'archevêque de Varsovie, le cardinal-primat Kakowski, qui accuse les Juifs de favoriser l'agitation communiste. Le chef de l'État, le maréchal Pilsudski, quoique à la tête du parti nationaliste polonais, protège les Juifs. À sa mort, les Juifs sont exclus de son mouvement. Celui-ci crée la Ligue des intérêts économiques polonais qui dénonce la surreprésentation des Juifs dans le commerce et la banque et les incite à émigrer en Palestine.

Stanisława Sapińska est née dans cette Pologne. Mais elle, à la différence de la jeune Juive, elle a connu la Pologne d'après-guerre, la Pologne sans Juifs.

Cette Pologne-là, je l'ai découverte en 1946, après notre retour d'Ouzbékistan où ma petite sœur Bérénice, née à Moscou, est morte de faim. En route, des paysans polonais attaquèrent notre train. Ils nous jetaient des pierres et nous injuriaient : « Sales Juifs ! criaient-ils. Partez ! Dehors ! Pas de Juifs chez nous ! Les Juifs en Palestine ! »

Les manifestations antisémites se multipliaient en Pologne. Le pogrom le plus meurtrier se déroula à Kielce, le 4 juillet 1946. L'antique accusation de meurtre rituel rassembla des milliers de personnes. La foule se déchaîna contre la minuscule communauté juive qui rentrait des camps. Parmi les survivants de la Shoah, on dénombra 42 morts et 80 blessés. Seuls 40 Juifs échappèrent par miracle à ce nouvel enfer.

L'événement fit beaucoup de bruit. Des intellectuels polonais réclamèrent la poursuite des coupables. Le procès eut lieu le 11 juillet 1946. Neuf des accusés furent condamnés à mort. Le président communiste Bierut refusa la grâce aux condamnés par calcul politique, l'antisémitisme étant assimilé au fascisme.

À la même époque 160 Juifs revinrent à Będzin. Vite isolés du reste de la population et en butte à une hostilité permanente, ils quittèrent la ville peu de temps après. Selon le Comité central des Juifs de Pologne créé après guerre, plus de 400 Juifs furent assassinés dans les districts de Kielce, de Varsovie, de Lublin, de Bialystok, de Rzeszow, de Lodz et de Cracovie.

Mes parents et moi, nous nous installâmes à Lodz, le Manchester polonais. Il nous fallut aussitôt nous organiser en groupe d'autodéfense contre les manifestations antisémites. Nous allions à la sortie des écoles protéger les gosses juifs contre les bandes qui les attaquaient. Cela finissait souvent en bataille rangée, à coups de bâtons et de bouteilles brisées. Je reçus même un coup de couteau. Aussi, dès que le gouvernement autorisa l'ouverture d'un lycée juif, je m'y inscrivis. C'était le lycée I.L. Peretz, du nom d'un écrivain yiddish. Nous y discutions beaucoup. Je me rappelle surtout ce que nous disait notre professeur d'histoire : « Je ne vous demande pas de vous rappeler la date des événements, mais d'essayer de comprendre pourquoi ils ont pu avoir lieu. »

Comprendre, je ne demandais que cela. J'étais à l'âge où l'on commence à se forger des convictions. De plus, la dialectique marxiste fournissait à mes questions un ensemble de réponses cohérentes. L'antisémitisme ne me surprenait guère, mais je ne m'y résignais pas pour autant. Tandis que là-bas, en Palestine, les Juifs se battaient contre l'impérialisme britannique pour un État juif et, nous l'espérions, socialiste, je me considérais mobilisé là où j'étais : je devins l'un des dirigeants de la jeunesse borochoviste, mouvement sioniste d'extrême gauche. Le 19 avril 1948, cinq ans après l'insurrection des amis de Mordechaï Anielewicz, nous inaugurâmes le monument à la mémoire des combattants du ghetto de Varsovie. Par trains et par camions spéciaux, nous avions fait venir tout ce qui restait des 3,5 millions de Juifs de Pologne : 75 000 rescapés des camps et des maquis – un sur quarante.

Il faisait beau et le soleil s'amusait dans les vitres cassées des quelques façades encore debout. On avait déblayé un passage dans les rues dévastées. Nous marchions silencieusement à travers les ruines de l'immense cimetière qu'était devenue Varsovie. Je me rappelle ce silence que seul coupait le bruit de nos pas et le claquement des drapeaux – des drapeaux rouges et des drapeaux bleu et blanc. Des deux côtés de la rue, des Polonais, venus des quartiers intacts, nous regardaient passer. Ils semblaient surpris que nous ne fussions pas tous morts. Parfois, ils crachaient devant eux, dans la poussière. Parfois, nous entendions : « Comme des rats ! Ils sont comme des rats ! On a beau les tuer tous, ils sont toujours là ! » Nous serrions les poings mais la consigne était de ne pas répondre, la consigne était le silence. Le silence...

J'étais dans le groupe de tête et portais un grand

drapeau rouge trop lourd pour moi. Face à ces gens tranquillement installés sur ce qui restait de nos maisons, cages d'escaliers, pans de murs, cheminées calcinées, j'avais envie de chanter le « Chant des maquisards juifs » :

Du pays des palmiers
Et de celui des neiges blanches
Nous venons avec notre misère
Notre souffrance.
Ne dis jamais
Que tu vas ton dernier chemin.
Le ciel plombé
Cache le bleu du jour.
Notre heure viendra
Notre pas résonnera
Nous sommes là.

Aujourd'hui, tant d'années après la guerre, dans une Pologne où il ne reste que 5 000 Juifs, le rapport des Polonais au judaïsme n'a pas changé. Toujours ce même mélange de fascination et de haine. Peut-on y ajouter peut-être un grain de mauvaise conscience ? Sauf quelques cas de générosité que j'ai mentionnés dans mon film sur *Les Justes,* telle l'histoire fabuleuse d'Iréna

Sendler, une assistante sociale qui a sorti du ghetto de Varsovie 2 000 enfants juifs, la plupart des Polonais sont restés passifs devant la déportation de leurs Juifs. Certains y ont même prêté la main, beaucoup ont dénoncé.

Après la guerre, le poète Czesław Miłosz, prix Nobel de littérature, rappela à ses compatriotes qu'ils restèrent indifférents dans leur majorité devant l'extermination des Juifs et que, pour certains, ils avaient éprouvé un lâche soulagement à l'idée qu'Hitler allait résoudre la question juive à leur place.

En relisant le journal de Rutka Laskier, je pense à la chance que j'ai eue de pouvoir échapper au destin qu'Hitler nous avait préparé. Par bonheur, quelques amis polonais catholiques nous ont tendu la main.

Aujourd'hui en Pologne beaucoup disent qu'à l'époque ils ne savaient pas. Peut-être. Mais après la guerre ? Comment expliquer l'attitude des Polonais envers les quelques survivants comme nous qui revinrent en 1946 dans leurs villes et leurs villages ? Ces manifestations haineuses voulaient-elles faire disparaître les derniers témoins de leur propre lâcheté ? Mal leur en prit. Les Juifs faisaient et font toujours partie de leur mémoire, ils ne pouvaient et ne peuvent toujours pas les gommer de leurs livres d'histoire sans gommer l'histoire de leur pays.

À qui s'adresse aujourd'hui la fameuse radio polonaise *RadioMaria,* avec ses diatribes anti-juives ? Au même moment, le théâtre yiddish de Varsovie, avec des acteurs catholiques devant un public catholique qui suit le texte grâce à une traduction simultanée, ne désemplit pas, le festival annuel de musique juive *Klezmer* de Cracovie déplace des milliers et des milliers de jeunes. S'adresse-t-elle aux Polonais d'aujourd'hui ou à leur passé ?

Dans *La Danse de Gengis Cohn*[1], Romain Gary décrit en quelques lignes bouleversantes la Pologne sans Juifs. On est sur une place de Varsovie, là où se trouvait le ghetto : « Les enfants polonais avaient l'habitude de venir ici pour me tourmenter et pour se moquer de moi. Et sais-tu ce qu'ils font aujourd'hui ? Ils me font poser pour le monument au héros juif inconnu, moi, l'ancien

1. Gary Romain, *La Danse de Gengis Cohn,* Gallimard, 1967.

comique, méprisé pendant six siècles d'histoire de la Pologne pleine de détestation des Juifs. Maintenant que j'ai disparu à jamais et que la terre de Pologne est délivrée de ma présence insupportable, ils me lèvent un monument pour exprimer leur profonde reconnaissance. »

Je m'imagine la difficulté qu'ont les Polonais à affronter la question juive. Curieusement il n'y a pas de négationnistes en Pologne. En revanche, chaque fois que je m'y rends, je découvre des millions d'amnésiques. Leur situation est certes moralement inconfortable. À l'école, leurs enfants lisent des romans et des poèmes classiques peuplés de personnages juifs, comme le fameux « Jankiel le Cymbaliste », dans *Pan Tadeusz*[1] d'Adam Mickiewicz. Ils doivent bien interroger leurs parents : « Ces personnages juifs, où sont-ils à présent ? » J'imagine la réponse : « On les a tués. » Vient alors la deuxième question, plus embarrassante encore : « Pourquoi ? » À cette question centrale, deux réponses. La première : « Parce que

1. Mickiewicz Adam, *Pan Tadeusz*, 1834. Traduit en français : *Pan Tadeusz*, Éditions Félix, 1934. Traduction récentes : R. Bourgeois, Noir sur blanc, 1992 ; Roger Legras, Messire Thadée, 1994, L'Âge d'homme.

les nazis qui occupaient la Pologne étaient des méchants. » La seconde : « Parce que les Juifs étaient des méchants. » C'est ce que suggèrent les antisémites polonais d'aujourd'hui. Quant à la première réponse, elle suscite à coup sûr une troisième question, encore plus grave : « Pourquoi nos grands-parents n'ont-ils rien fait pour les sauver ? »

Que peut répondre un Polonais d'aujourd'hui ? Il n'est pas facile de reconnaître que ses propres parents furent complices des assassins. À ma connaissance, il existe peu de livres publiés sur cette face obscure de l'histoire polonaise. Les parents questionnés, qui n'ont pas le courage de faire ce travail de mémoire à la place des historiens, peuvent choisir entre l'indifférence, la haine ou la honte.

Comme Stanisława Sapińska, tout Polonais garde le souvenir d'un Juif ou d'une Juive qui a joué un rôle important dans son histoire familiale. Tout Polonais porte une part juive dans sa mémoire et rien ni personne ne peut le libérer de cette présence. Il manque toujours une confession collective, reconnaissance et regrets, de ce qui s'est passé, de ce que l'on a laissé faire, pour que la Pologne puisse affronter l'avenir sans cacher un chapitre de son histoire et sans le réécrire.

Et si on lisait le journal de Rutka Laskier dans toutes les écoles polonaises ? Ainsi, les Polonais commenceraient à se réapproprier la part juive de leur propre mémoire.

Table

Cet ouvrage a été composé et mis en pages
par Interligne
à Liège

Achevé d'imprimer sur les presses de

BUSSIÈRE

GROUPE CPI

à Saint-Amand-Montrond (Cher)
pour le compte des Éditions Robert Laffont
en février 2008

Dépôt légal : mars 2008.
N° d'édition : 48516/01. — N° d'impression : 080562/1.

Imprimé en France